Das

sächsische Ingenieur-Korps

und die

Pontonier-Kompanie

1810 - 1813

Jörg Titze

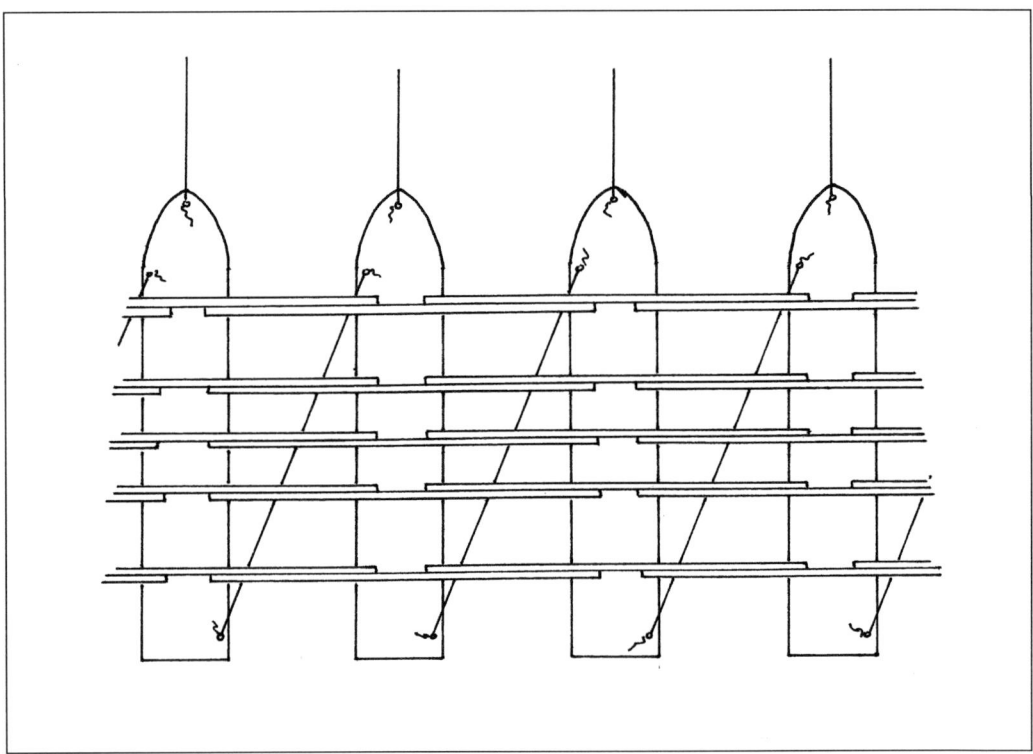

Abb. 01   Balkenlage über drei Pontons für schwere Lasten (Zeichnung des Autors)

Das

sächsische Ingenieur-Korps

und die

Pontonier-Kompanie

1810 -1813

Bibliographische Information der Deutschen Biliothek

Die Deutsche Bibliothek verzeichnet diese Publikation in der Deutschen Nationalbibliographie; detaillierte bibliographische Daten sind im Internet über http://dnb.ddb.de abrufbar.

Die Deutsche Bibliothek – CIP – Einheitsaufnahme

Jörg Titze (Hrsg.)

Das sächsische Ingenieur-Korps und die Pontonier-Kompanie 1810 – 1813

Herstellung und Verlag: Books on Demand GmbH, Norderstedt, 2012

ISBN 978-3-8482-0908-8

Herstellung und Verlag:

Books on Demand GmbH, Norderstedt

Inhaltsverzeichnis

1.   Einleitung

Zum sächsischen Ingenieur- und Pionierkorps gibt es mit dem Werk des Herrn Hansch[1] eine ausgezeichnete und sehr ausführliche Korpsgeschichte, der bei der Beschreibung des Baues der Festung Torgau und der Feldzüge 1812 und 1813 weitestgehend wörtlich[2] gefolgt wird. Ergänzungen und Abweichungen zur Aktenlage sind entsprechend kommentiert.

Mit den Werken des Herrn Hoyer liegt eine sehr ausführliche Beschreibung des sächsischen Pontonmaterials, zumindest was die blechernen Pontons anbetrifft, vor.

Im Hauptstaatsarchiv in Dresden sind für den Zeitraum 1810 – 1813[3] neben den Monatslisten vom Januar 1812 bis zum Oktober 1813 die Ordrebücher des Pontonnier-Detachements aus dem Feldzug von 1812 vorhandenen.

Eigenständige Unterlagen zu den Ingenieuren und zu den Sappeuren fehlen ebenso gänzlich wie Unterlagen zum Feldzug von 1813. Die Unterlagen zum Feldzug von 1813 müssen aber zu Zeiten Hansch's (1898) zumindest für die Pontonniere noch vorhanden gewesen sein, da der Detaillierungsgrad seiner Ausführungen auch zum Feldzug 1813 recht hoch ist.

Natürlich sind auch hier wieder die Hauptzeughaus-Akten eine spannende Lektüre gewesen und selbstverständlich werden auch im diesen Heft – soweit platzmäßig vertretbar – die Ordres, Meldungen, Rapporte etc. im Originalwortlaut und vollständig wiedergegeben.

Sprotta-Siedlung im April 2012

---

[1] Für die freundliche Überlassung des Werkes zur Einsichtnahme möchte ich Herrn Dieter M. Vetters (Dresden) nochmals herzlich danken.
[2] = abgeschrieben, da die Qualität seiner Ausführungen nicht verbessert werden kann. Nicht übernommen wurden lediglich allgemeine Angaben zu den Feldzügen und sonstigen allgemeinen Beschreibungen. Die Auslassungen und die wenigen sich daraus ergebenden grammatikalischen Korrekturen sind nicht extra gekennzeichnet.
[3] Der Zeitraum 1806 – 1809 ist Gegenstand des Heftes No.15

2. Organisation

2.1 Die Organisation von 1810

Zum Ingenieurkorps äußerte sich der mit der Reorganisation beauftragte General-Major von Gersdorff:" Ein Staat, der so wenig Festungen wie Sachsen hat, bedarf eines so starken Ingenieur-Korps keineswegs. Eine weit kleinere Zahl, weit besser bezahlt und sorgfältig gewählt, wird mehr leisten. Jetzt schon wendete man Offiziere aus den Regimentern zur Landesvermessung mit an, dieses könnte auch ferner der Fall sein, und es würde dadurch dem Vorwurf begegnet, daß man dieser Beschäftigung wegen ein so bedeutendes Korps nicht entraten könnte." Wie bei allen anderen Truppenteilen wurde auch für die Reorganisation des Ingenieurkorps eine besondere Kommission eingesetzt. Der Etat des Ingenieur-Korps wurde von dieser am 13. und 15.01.1810 behandelt. Am 15.01. wurden hierzu als Fachleute die Kapitäns Töpel und Aster gehört.

Letztendlich wurde die bisherige Einteilung des Ingenieurkorps in zwei Brigaden durch AKO vom 14.11.1810 aufgehoben, dagegen die Vermehrung desselben durch eine Kompanie Sappeurs und Vereinigung mit der bisher bei der Artillerie geführten Pontonierkompanie anbefohlen[4].

Der Etat des Ingenieurkorps wurde wie folgt festgesetzt:

Beim Stab	1 Oberst[5]	3 Premierleutnants
23 Mann	2 Majors	7 Sousleutnants incl. 1 Adjutant
	3 Kapitäns	10 Tranchee-Sergeanten[6]

Sappeur-Kompanie	1 Kapitän u.Kommandant	1 Fourier
127 Mann	3 Premierleutnants	3 Tambours
	3 Sousleutnants	18 Obersappeurs
	1 Sappeur-Sergeant	98 Untersappeurs
	1 Miniermeister	127 Mann gesamt

Pontonier-Kompanie[7]	1 Kapitän u.Kommandant	2 Sergeanten
57 Mann	1 Premierleutnant	1 Chirurgus
	1 Sousleutnant	2 Korporals
	1 Brückenschreiber	48 Pontoniers

| Bei der Akademie | 1 Direkteur | 1 Dessinateur |
| 5 Mann incl. 1 Aufwärter | 1 Mathematikus | 1 Architekt |

| Hierüber | 1 Festungsingenieur auf dem Königstein (à la suite) |

---

[4] Die Pontoniere scheinen in diesem Gebilde weiterhin ein Eigenleben geführt zu haben. So besagt die AKO vom 14.11.1810: "Soviel endlich die Pontonierkompanie betrifft, so ist selbige zwar in Ansehung der Dienstangelegenheiten an den Kommandanten des Ingenieur-Korps zu verweisen, dagegen wollen aber Ihre Königl. Majestät den dabei angestellten Kapitän, char. Major Hoyer, die fernere Bewirtschaftung der Kompanie in der bisherigen Weise überlassen haben, auch demselben nicht nur den Charkter eines Oberstlieutenants, sondern auch für seine Person eine Traktamentszulage von 20 Thalern monatlich vom 1.Dezember an auszusetzen, sich in Gnaden bewogen finden.".

[5] Die Offiziere werden in den Monatslisten für die Ingenieure und die Sappeur-Kompanie immer gemeinsam ausgewiesen, so dass von Januar 1812 – September 1813 durchgängig aufgeführt werden: 1 Oberst, 2 Majors, 4 Kapitäns, 6 Premier- und 10 Sousleutnants.

[6] Unter den Tranchee-Sergeanten befanden sich 4 (ab 07.06.1812 3) aggr. Sousleutnants.

[7] Die Rangliste von 1813 wirft hiervon abweichend 1 Leutnant, 1 Sergeanten und 4 Korporals aus.

Die Details zur Errichtung der Sappeurkompanie wurden mit der Verordnung vom 22.11.1810 geregelt. Danach sollte die Kompanie als Stamm von jedem der 10 Infanterie-Regimenter 5 Mann (gelernte Maurer, Zimmerleute oder Gärtner), von jeder Artilleriekompanie 1 Mann und aus der ganzen Armee 8 bis 10 Unteroffiziere zu Sappeur-Sergeanten und Obersappeurs erhalten. Der weitere Ersatz war durch Rekrutierung zu bewerkstelligen.

Die Ingenieuroffiziere teilten sich in Architekten und Geographen und wurden deren Wirkungskreise wie folgt bestimmt:

Der Kommandeur der Korps ist Generalinspekteur der Fortifikationen und Direktor des Militär-Oberbauamtes.

Von den beiden Majors ist einer Brigadier der Ingenieur-Architekten. Er ist im Frieden Forti-fikationsingenieur und im Krieg Direktor der Belagerungsarbeiten. Der andere als Brigadier der Ingenieur-Geographen ist im Frieden Direktor der Vermessung und im Krieg Kommandeur der die Armee begleitenden Geographen.

Die Abteilung der Architekten bestand aus den zur Sappeurkompanie kommandierten Offizieren (1 Kapitän, 3 Premier- und 3 Sousleutnants) des Ingenieurkorps. Im Frieden wurden diese mit Abteilung der Kompanie zu Bauten bzw. Einzeln zu besonderen Kommissionen verwendet; im Krieg wurden 3 Abteilungen mit je 1 Premier- und 1 Sousleutnant gebildet und den 3 Divisionen der Armee zugeteilt.

Die Abteilung der Geographen in Stärke von 3 Kapitäns, 3 Premier- und 6 Sousleutnants war im Frieden zur Vermessung bestimmt und wurde im Krieg in drei Abteilungen ebenfalls den drei Divisionen der Armee zugeteilt.

Die Sappeurkompanie sollte im Frieden bei eintretenden Festungs- und sonstigen Bauten sowie im Krieg zur Wegeverbesserung und beim Schanzenbau Verwendung finden. Bei Belagerungen sollte die Aufgliederung in drei Abteilungen stattfinden. Eine jede dieser Abteilungen konnte 4 Sappententen oder 4 Minengallerien ununterbrochen besetzen.

Interessant festzustellen war, dass im Zeitraum 15.11.1812 – 01.08.1813 13 Tranchee-Sergeanten und Sappeurs als Offiziere zur Infanterie versetzt wurden (Anlage 30).

2.2 Die Monatsliste vom 31.10.1813

Die Monatsliste vom 31.10.1813 gibt an Personal:

Beim Stab 23 Mann	1 Oberst	2 Premierleutnants
	3 Majors	5 Sousleutnants incl. 1 Adjutant
	2 Kapitäns	10 Tranchee-Sergeanten[8]
Bei der Akademie 5 Mann incl. 1 Aufwärter	1 Direktor	1 Dessinateur
	1 Mathematikus	1 Architekt
Hierüber	1 Festungsingenieur auf dem Königstein (à la suite)	
Sappeur-Kompanie 39 Mann	2 Premierleutnants	3 Obersappeurs
	3 Sousleutnants	31 Untersappeurs

---

[8] Es standen bei den Kapitäns 1 aggr. Major und bei den Tranchee-Sergeanten 3 aggr. Sousleutnants.

Pontonier-Kompanie	1 Kapitän u.Kommandant	2 Korporals
35 Mann	1 Premierleutnant	1 Tambour
	1 Brückenschreiber	27 Pontoniers

Als fehlend am Etat werden aufgeführt 1 Ing.-Kapitän, 1 Ing.-Premier-Leutnant., 4 Unter-Sappeurs sowie 1 Pontonier.

Als überzählig werden aufgeführt 1 Sappeur-Fourier und 2 Obersappeurs.

Überkomplett werden 24 Pontoniers incl. derer 4 bei der Belagerung von Torgau angegeben.

3.   Das Ingenieur- und Pionierkorps in den Jahren 1810 - 1813

3.1   Der Bau der Festung Torgau 1810-1813

Die Sicherung der Elblinie und die Gewinnung eines geschützten Übergangspunktes über die Elbe lenkte 1809 die Aufmerksamkeit Napoleon auf die ehemaligen sächsischen Festungen Torgau und Wittenberg.

Mitte November erhielt daher OSL LeCoq den Auftrag, unterstützt von einem Leutnant und 1 Unteroffizier des Ingenieurkorps, die alten Befestigungswerke der beiden Städte einer genauen Besichtigung zu unterwerfen und Vorschläge über eine etwaige Neuanlagen zu machen. Am 30.11. reichte OSL LeCoq den Bericht an den Oberst Backstroh, Kommandanten des Ingenieur-Korps, ein. Torgau wird darin als zur Befestigung ungeeignet dargestellt, da die Stadt auf einer Kuppe liegend, gegen Beschießung nicht zu decken sei und die Höhen zu nahe an die Stadt heranträten. Wittenberg müsste allerdings vollkommen neu befestigt werden, doch sei seine Befestigung aus strategischen Gründen, namentlich zur Sicherung des Flußüberganges notwendig.

Anfang 1810 wurde Kpt. Damm mit den Sltn. LeCoq, Heckel und Horrer sowie dem Uffz. Knöbel nach Wittenberg zur Aufnahme der Stadt und ihrer Umgebung geschickt. Diese Arbeiten wurden forciert, da man von frz. Seite eine schnelle Erledigung verlangte. Parallel untersuchte OSL LeCoq in der Gegend von Elstra nahe dem Zusammenfluß von Elster und Elbe die Möglichkeit eines Festungsbaues, jedoch mit vollkommen negativem Ergebnis. Bald darauf trat die Festungsbaufrage in ein neues Stadium.

Der Souschef des Generalstabes, Oberst von Langenau, hatte die Festungen Torgau und Wittenberg bereist und über deren Befund einen Bericht an den Chef des Generalstabes, Generalmajor von Gersdorf, eingereicht. Langenau gibt Torgau den Vorzug und begründet dies mit einem guten Ufer zum Anlegen der Schiffe, einer Lage 50 Fuß über dem Fluß auf einem Hügel, der vorhandenen Elbbrücke, dem 800 Mann fassenden Schloß, den in den Fels getriebenen großen Kellereien und den großen Magazinen. Vom Vorgelände war nur der sechste Teil für Belagerungsarbeiten nutzbar, da die übrigen Strecken unter Wasser gesetzt werden konnten. Wittenberg dagegen habe eine lange und schmale Stadtform, eine große Entfernung zur Elbe, einen Mangel an großen, massiven und zu Armeezwecken nutzbaren Gebäuden und eine für den Angreifer günstige Beschaffenheit des Vorgeländes.

Sollte Torgau zur Festung ausgebaut werden, so musste diese ein Platz ersten Ranges mit den nötigen Magazinen werden. Die Kosten wurden auf 8 – 10 Mio Thaler[9] veranschlagt.

Da einer solche Anlage aber lange Zeit erforderte und auch die finanziellen Mittel nicht zur Verfügung standen, unterbreitete Langenau folgende Vorschläge:

1. Anlage eines starken Brückenkopfes, durch vorgelagerte Redouten gedeckt

2. Anlage eine Erdwalles mit nassem Graben um die Stadt mit Einschluß des größten Teils der Vorstädte

3. Vorgeschobene Werke; ein größeres bei Zinna, ein kleineres bei Mahla

4. Redouten zur Verteidigung der Dämme bei dem großen Teich an der Straße nach Leipzig und zu beiden Seiten der Stadt an der Elbe

Die Vorschläge Langenaus fanden bei den maßgebenden sächsischen Stellen allgemeine Billigung, eine definitive Entscheidung bedurfte aber der Zustimmung des Kaisers. Ein Plan nebst Bericht wurde an den Kaiser gesandt, der diesen am 31.07.1810 genehmigte. Mit AKO vom 17.08.1810 wurde der Entschluß zum Bau einer Landesfestung Torgau bekannt gegeben und der OSL LeCoq mit der Ausarbeitung der Pläne und Entwürfe vom König beauftragt. Dieser reichte am 27.09. Entwurf, Anschlag und Memoire über die Anlage der Festung an den Generalstab ein. Der Entwurf enthielt folgende allgemeine Grundsätze. Die Enceinte der Stadt bildet ein Zehneck von 85 – 86 Rhein. Ruten Polygonseite, sie wird bastionär ausgeführt, mit rechtwinkligen Flanken auf der Defenslinie, hohen und niederen Facen, hohen und niederen kasemattierten Flanken und großen Ravelinen mit hölzernen Reduits. Vor diese Enceinte sind detachierte Bastionen vorgeschoben, um die Zugänge nach Torgau zu verteidigen; von der Windmühlenhöhe bis an die Elbe zieht sich eine solche Reihe hin; ein datchiertes Fort liegt am Damme des großes Teiches, um Herr des Wasserzuflusses zu bleiben. Unterhalb des Platzes dient die Mahlaer Höhe mit zur Verteidigung des Brückenkopfes auf dem rechten Elbufer. Der Entwurf wurde dem Direktor der Plankammer, Mj. Lehmann, und dem Kpt. Aster, Adjoint im Generalstab, zur Begutachtung vorlegt, von denen sich ersterer mehr ablehnend, letzterer zustimmend aussprach.

Am 16.10.1810 wurde der Kpt. Aster mit dem Projekt des Obersten LeCoq nach Paris geschickt, um dasselbe dem Kaiser gegenüber zu vertreten. Das erste Mal wurde er am 02.11.10 nach Fontaineblau befohlen, verhandelte indessen nur mit dem Kabinettssekretär Ing.-Oberst Ponthon. Am 10.11. kam er abermals und sprach nun in Gegenwart des genannten Obersten und des Div.Gen. Bertrand mit Napoleon selbst über seine Aufträge. Dieser ging ihn Anfangs hart an und beschwerte sich, dass man ihm einen Generalstäbler anstatt eines Ingenieuroffiziers geschickt hätte. Aster ließ sich indes nicht einschüchtern, setzte auseinander, dass er von Haus aus Ingenieur sei, und wußte sich durch sein ruhiges Benehmen uns seine sachgemäßen Einwände so in Achtung zu setzen, dass der Kaiser schließlich sehr leutselig wurde und noch auf manches einging, was er anfangs schon verworfen hatte. Im Übrigen wurde das Befestigungsprojekt Torgau im allgemeinen nicht für gut geheißen, weil es zu sehr von der frz. front moderne abwich und lokale Verhältnisse berücksichtigte, welche den Sachsen wichtiger als den Franzosen erschienen waren. Auf Grund der von Napoleon gegebenen Weisungen hatte nun Aster das Projekt in größter Eile einer Umarbeitung zu unterziehen. Erst am 08.01.1811 erhielt er die Genehmigung zur Abreise und mit derselben gleichzeitig ein Geschenk von 3.000 Francs vom Kaiser.

---

[9] rund 400 – 500 Mio EUR

Der Entwurf Aster's wurde der sächsischen Regierung, begleitet von einem Memoire vom 09.01., welches der Kaiser teils selbst diktiert, teils vom General Bertrand hatte entwerfen lassen, zur Ausführung zugestellt. Der Kostenanschlag betrug 4.020.000 Thaler, als Bauzeit waren 5 Jahre angenommen.

Noch im Januar reisten die Obersten Langenau und LeCoq nach Torgau, um die Enceinte der Stadtumwallung zu bestimmen. Dieselbe machte die Niederlegung von 182 Häusern notwendig. Im Februar wurde durch den Oberst LeCoq und Mj. Töpel die Magistrale der Festung abgesteckt; daruf wurde diese nivelliert und ein Direktionsplan im Maßstab 500 Ellen = 8 Zoll angefertigt (1:1.500) angefertigt. Zu dieser Arbeit waren 4 Offiziere, 2 Ober- und 4 Untersappeure befehligt. Gleichzeitig wurde die spezielle Ausarbeitung des Projektes unter Zugrundelegung des frz. Entwurfs in Angriff genommen, wobei sich herausstellt, dass der frz. Kostenanschlag um 1.322.850 Thaler zu niedrig bemessen war.

Die Oberleitung des Festungsbaues wurde am 11.03.1811 dem Obersten LeCoq übertragen; zum Ingenieuroffizier vom Platz wurde der Mj. Töpel bestimmt.

Eine Denkschrift des Gmj. Gersdorf spricht sich über die allgemeinen Grundsätze bei dem Bau wie folgt aus: „ Es wird beim Bau der Festung als Hauptgrundsatz angenommen, dass die Arbeiten jeden Jahres allezeit die wichtigsten Vorteile für die augenblickliche Verteidigung darbieten. So muß z.B. nach dem ersten Jahre die Festung durch Herstellung der Enceinte vom Hauptwerke und Umgebung derselben mit einem nassen Graben in verteidigungsfähigen Zustand gesetzt werden.

Das Hauptwerk auf dem linken Ufer soll mit einer bastionierten Enceinte eingefasst werden, deren Polygonseiten die Länge von 180 Toisen so ziemlich beibehalte. In dieser Umfassungs-linie sollen 8 Bollwerke, mit Einschluß der an das Ufer gelehnten halben, zu liegen kommen. Durch die mittelst des Teich- und Schwarzwassers zu veranstaltende Inundation werden die beiden vom Ufer aufwärts geführten Fortifikationsfronten ober- und unterhalb dem feindlichen Angriff entzogen. Dieser trifft daher nur den der Elbe abgekehrten Teil der Festung. Die dorthin gewendete Seite ist als eigentliche Angriffsfront betrachtet und behandelt, sie ist mit 3 Ravelinen und 3 vorgeschobenen Lünetten versehen. Das linke Flügelbollwerk erhält eine Kontreeskarpe und einen Kavalier, das zweite nach der rechten Flanke zu ist ein glattes und durch seine Konstruktion gesichert, zwischen beiden liegt eine Tenaile. Die beiden folgenden Bollwerke befinden sich unter dem Schutz eines auf dem Ratsweinberge anzulegenden Forts. Zur Verhinderung des Angriffes zwischen dem linken Elbufer und den Inundationsdämmen sind die halben Bollwerke mit Kavalieren zu versehen, und die Front oberhalb noch durch ein Ravelin gedeckt. Der Brückenkopf auf dem rechten Elbufer besteht aus einem doppelten Kronenwerk von der nämlichen Polygonseite wie der Hauptwall; der Wasserfluten wegen wird er vom jetzigen Elbufer abgerückt, mit einem Damm verwahrt und zwischen ihm und dem Hauptwall das Elbbett erweitert. Das vorliegende Fort auf dem Ratsweinberg erhält eine viereckige, ebenfalls bastionierte Figur, die Polygonseite von 140 Toisen mit 2 Ravelinen und einer Lünette. Ein einfaches Kronenwerk soll die dominierenden Mahlaer Höhen einnehmen. Zwei Lünetten an beiden Elbufern ober- und unterhalb werden die Elbbrücke sichern, sich untereinander verteidigen und die Ufer mit den Inundationsdämmen bestreichen.

Eskarpen und Kontreeskarpen, sowie die mit Reduits versehenen Kehlen der Werke, sollen nach und nach bekleidet, und die für das Unterkommen der Garnision und ihre Bedürfnisse nötigen Gebäude eingerichtet werden. Sr. Majestät der König wollen, dass bei der Anlage dieser Werke die ältere Vauban'sche Manier mit den neueren Cormontaigne'schen Verbesserungen angewendet werde, mit $^1/_6$ der Polygonseite als

Perpedikel und $^2/_6$ als Facen-länge. Ein Kreisbogen aus der Bollwerkspitze von der diesseitigen Defenslinie zum jenseitigen Schulterpunkt wird die Richtung und Länge der Flanken beschreiben. Der Hauptgraben bekommt als Maximum an den Bollwerkspitzen eine Breite von 15 Toisen, die Kontreeskarpe des einen Bastions läuft allezeit auf den Schulterpunkt des anderen. Der Ravelinwinkel 60°, die Ravelinfacen nach einem Punkt, 15 Toisen von der Bollwerkspitze entfernt, alligniert. Das Ravelin hat ein Reduit mit Flanken zum Einsehen der Bresche. Die großen eingehenden Waffenplätze des gedeckten Weges erhalten zweckmäßige Reduits, beim Hauptwerk aber nur auf der Angriffsseite. Im Allgemeinen sollen die Hauptgräben unter Wasser zu setzen sein und die Erhebung des Hauptwalles im Mittel 22 frz. Fuß betragen, bei welcher Höhe das Kommandement des Hauptwalles von der Mahlaer Höhe zwar wegfallen könnte, die übrigen Werke aber vor dieser nahen und der entfernteren Weinberghöhe zu defilieren sein dürfen.

Den Mj. Töpel wollen Sie unter Ihrer Aufsicht als Fortifikationsdirektor anstellen, mit ihm und allen zum Bau der Festung bestimmten Ingenieurs, am 18.ds.Mts. von hier nach Torgau abgehen. Die Sappeurkompagnie marschiert bereits den 16. unter Befehl des Premierlts. Plödterl von hier zu demselben Zweck. Es ist meine Absicht, daß in Torgau fortwährend ein Teil der Sappeurkompagnie als Stamm aufgestellt bleibe, welcher sich nach und nach ablöst und in dieser Zeit die so nötige Ausbildung erhalte. Die Instruktion dieses Stammes sowohl als das Interimskommando der Kompagnie ist dem Lt. Plödterl zu übergeben, alle übrigen Offiziers der Sappeurkompagnie aber zu den eigentlichen Fortifikationsarbeiten anzustellen."

Zu dieser Ordre vom 11.03.1811 gehört der Entwurf zur Erbauung der Festung Torgau auf 6 Jahre. Derselbe war für das erste Jahr zur unbedingten Richtschnur zu nehmen, für die späteren sollten genaue Vorschläge noch eingereicht werden. Die Aufgabe des ersten Jahres sollte bestehen in der Erbauung des Hauptwerkes auf dem linken Ufer, eines Kavaliers, 2 Demi-Lunes, eines Magazins für 200.000 Pfund Pulver und des Dammes auf dem rechten Ufer.

Ende März war das Personal der Bauleitung in Torgau versammelt. Es bestand aus dem Oberst LeCoq mit seinem Adjutanten Ltn. Wiedemann, 3 Prem.ltn. (Roch, Günther, Plödterl) und 4 Sousltn. (LeCoq, Heckel, Horrer, Schmidt). Sltn. Buschbeck, der auch nach Torgau befohlen war, blieb bei dem Demolierungsarbeiten in Dresden und traf erst im November ein.

Am 30.03. erließ Oberst LeCoq folgenden Befehl: „ Montag, den 1.April fängt die Arbeit beim hiesigen Fortifikationsbau an. Der Pltn. Roch, die Sltn. Buschbeck, LeCoq, Heckel, Horrer und Schmidt werden dabei angestellt und werden vom Herrn Mj. Töpel die nötigen Instruktionen wegen dieser ihrer Anstellung erhalten. Diese Offiziers erhalten Abteilungen der Sappeur-Kompagnie, welche nach der Anciennität der Offizere 1., 2. bis 6. Arbeiterdivision zu benennen sind.

Dem Pltn. Günther[10] sind vor der Hand andere Geschäfte übertragen.

Der Pltn. Plödterl erhält eine Abteilung der Sappeur-Kompagnie, welche der Stamm heißen soll. Dieser Stamm erhält allemal 8 Wochen lang den nötigen wissenschaftlichen und mili-tärischen Unterricht. Nach Verlauf dieser Zeit erfolgt allemal eine Ablösung dieses Stammes aus den Arbeiterdivisionen."

Am 01.04. wurde mit dem Bau der Festung begonnen, wobei der Kommandant derselben, der Oberst Boblick, im Namen Sr. Majestät des Königs den ersten Spaten Erde aushob.

---

[10] Er befand sich lt. Monatsliste auf „einer gewissen Mission in Bayern".

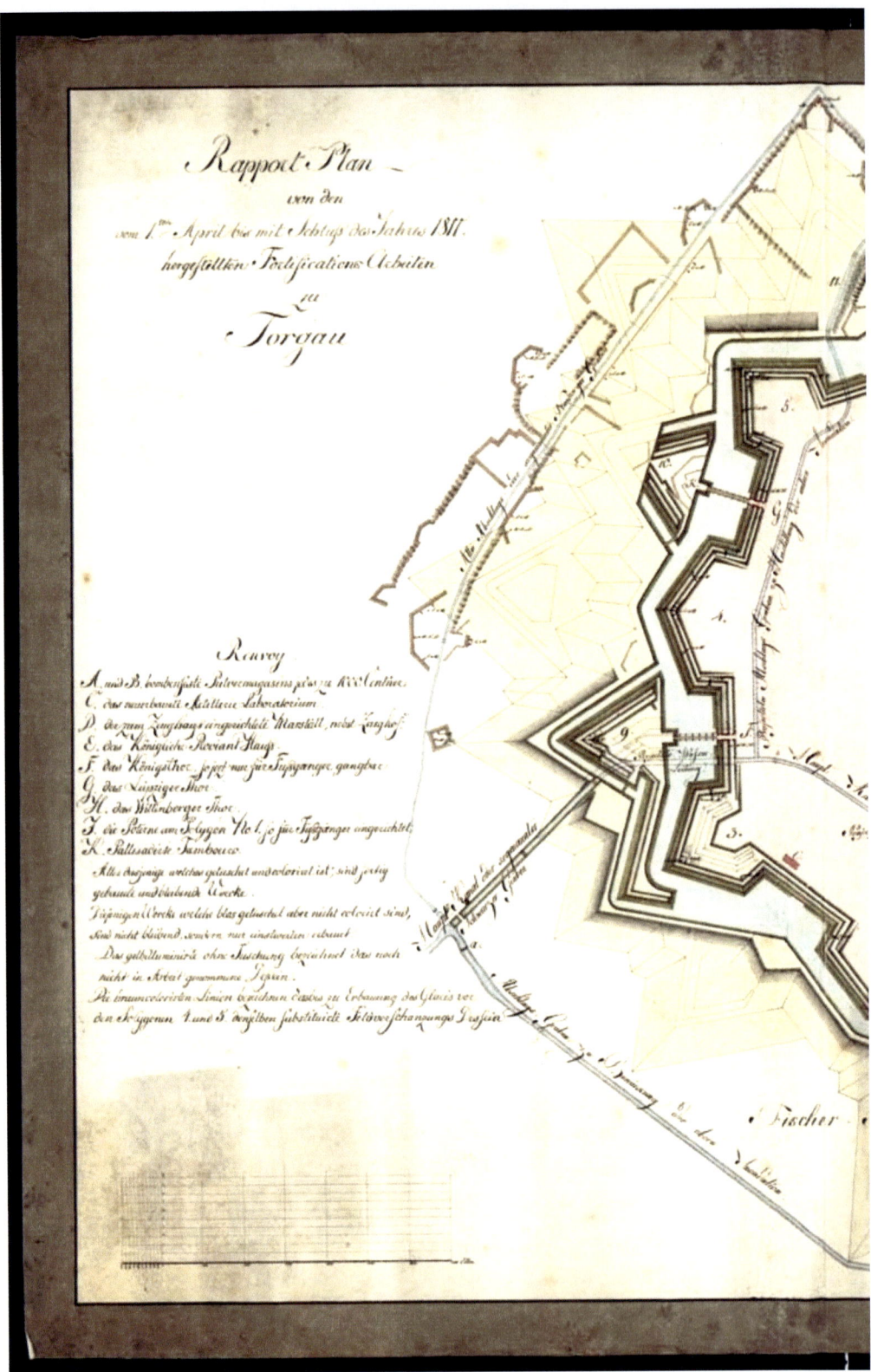

Abb. 02 Rapportplan der Festung Torgau / Stand der Arbeiten ult. 1811

(Quelle HStA Dresden 11 373 Kartensammlung Fach 11 Nr.54)

Mit Aufbietung aller verfügbaren Kräfte an Soldaten und Handwerkern gelang bis Ende Oktober die Erreichung des gesteckten Jahreszieles[11]. Außer mehreren hundert bezahlten Maurern, Zimmerleuten und Handarbeitern kam nach und nach die ganze sächsische Armee an die Arbeit. So waren Ende Oktober 4.836 Soldaten und 702 Handwerker beschäftigt. Den kommandierten Soldaten wurde für Wasserarbeit die Stunde mit 9 Pfennigen, bei Erdarbeit die Kubikelle mit 6 Pfennigen bezahlt.

Im Dezember 1811 traf der Befehl ein, die Festung in Verteidigungszustand zu setzen und den Brückenkopf durch eine Flesche für 200 Mann und 3 Geschütze zu ersetzen. 15.000 Pallisaden und 5.000 Sturmpfähle zum Schutz der Kehle der Festung und der Festung selbst wurden in Bereitschaft gehalten, das Handwerkszeug für die Ingenieurdepots niedergelegt und die Magazine gefüllt. Im Frühjahr 1812 wurde der Festungsbau mit allen Kräften wieder aufgenommen und die Zahl der Ingenieuroffiziere trotz der eingetretenen Mobilmachung auf 13[12] erhöht. Mit dem Schluß des Jahres hatte Torgau einen Hauptwall, Graben und einige Außenwerke. Die Forts Zinna (auf dem ehem. Ratsweinberg) und Mahla (vor dem rechten Flügel der Festung auf einem dominierenden Höhenzug nordwestlich gelegen) bildeten mit den Lünetten Repitz und Loswig die Verteidigung des linken Ufers. Letztere, dicht an der Elbe gelegen, dienten dem Schutz der Elbbrücke und der Inundationsdämme, gleichen Zweck hatten auf dem rechten Ufer die Lünetten Werda und Loswig. Der eigentliche Brückenkopf war noch nicht begonnen. Die Gräben der Werke waren fast durchgängig unbekleidet, es fehlten stellenweise der gedeckte Weg und die Raveline, auch an bombensicheren Kasematten und Pulvermagazinen war großer Magel.

Als sich nach dem unglücklichen Verlauf des russischen Feldzugs die verbündeten preußisch-russischen Truppen den Grenzen Sachsens näherten, traf am 06.02.1813 der Befehl ein, die Festung in Verteidigungszustand zu setzen. Die Vorstädte wurde demoliert und auf dem rechten Elbufer das Kronenwerk erbaut. Am 04.03. meldete der Kommandant der Festung, Gltn. Thielmann, dass er seine Verwunderung über das, was in Rücksicht der Bewaffnung und der Befestigung geschehen sei, ausdrücken müsse. Jedoch wurde der Ausbau[13] wieder unterbrochen, da im Juni Material und Offiziere zur Befestigung von Dresden und des Lagers am Lilienstein abgegeben werden mussten. Trotzdem wurde geschafft, was unter den gegebenen Verhältnissen möglich war und bei der Besichtigung am 10.07. konnte Napoleon über den Stand des Baues seine Zufriedenheit aussprechen und dem Obersten LeCoq eine öffentliche Anerkennung zu teil werden lassen.

Die Befestigungsarbeiten blieben, auch nachdem der Oberbefehl in frz. Hände übergegangen und zur sächsischen Besatzung Franzosen und Rheinbündler getreten waren, noch in den Händen der sächsischen Ingenieure. Am 14.09. wurde indessen Torgau zum Zentraldepot der frz. Armee erklärt und die Angelegenheiten des Geniewesens gingen gänzlich in die Hände der Franzosen über. Nach der Schlacht bei Leipzig wurden auch die bisher einen Teil der Besatzung bildenden sächsischen Truppen aus der Festung entlassen.

---

[11] Siehe Rapportplan Abbildung 01
[12] Die Monatslisten geben ab 31.03.12 (ab 31.05.13) die Offiziere: Mj.Toepel, Cpt. Claus, Lltn.s Günther, Buschbeck, Baerend, LeCoq, Heckel, Koehler, Horrer, Brauchitzsch, Schmiedt, Lehmann (+ Wiedemann).
[13] Per 30.04. befanden sich 1 Oberst, 2 Majors, 2 Capitaines, 15 Leutnants und 5 Sergeanten bei den Fortifikationsarbeiten in Torgau; per 31.05. 1 Oberst, 1 Major und 6 Leutnants.

3.2 Der Feldzug von 1812

Die Mobilmachung eines Teils des Ingenieur-Korps mit der Sappeur- und der Pontonier-Kompanie erfolgte durch Ordre vom 07.02.1812. Dieselbe lautete:

„Se. Majestät haben allergnädigst befohlen, das auf den mobilen Etat gesetzte Truppen-Korps Ihrer Armee durch eine Abteilung des Geniewesens begleiten zu lassen, bestehend in

1 Ing.-Kapitän, 2 Architekten, 2 Geographen, 1 Pontonieroffizier, 1 Sappeur-Sergeant, 6 Ober-Sappeurs, 2 Pontonier-Unteroffiziere, 1 Pontonier-Fourier, 1 Pontonier-Chirurgen, 2 Sappeur-Tambours, 48 Unter-Sappeurs, 20 Pontoniers.

Es soll dieser Truppe überdies 1 Kolonnenbrücke, zu deren Herstellung Oberstlt. Hoyer beauftragt ist, nebst 1 Schaluppe mit 4 zu ihrem Transport bestimmten vierspännigen Pontonswagen, sowie 1 dergl. Wagen, zu einem ambulanten Sappeur-Park mit Meß-instrumenten, und dergl. Wagen zu den nötigen Kompanie-Requisiten und Offiziers-Equipagestücken folgen.

Dem Feldverpflegsetat gemäß wird der Kapitän im Felde mit 3 Rat. und 2 Port., jeder Ing.offizier mit 2 Rat. und 2 Port., der Pontonieroffizier mit 1 Rat. und 2 Port. versehen werden.

Der Ingenieur-Kapitän ist zur Direktion der ganzen Branche, die beiden Architekten vorzugsweise zur Führung und Anleitung der Sappeurs bei ihren Arbeiten, der Pontonieroffizier bei denen der Pontoniers bestimmt und werden sich sämtlich in der Nähe des Haupt-quartiers oder des großen Parks befinden. Die besondere Bestimmung derer den Divisionsstäben zugeteilten Geographen gehet auf die nötigen Terrain-Rekognoscierungen, Aufnahmen und Positions-bestimmungen. Im Falle der Not sollen sämtliche Abteilungen einander unterstützen.

Es werden zum Feldzuge bestimmt:

Kpt. Damm	als Direktor
Prem.ltn. Plödterl	als Architekten
Prem.ltn.Roch	
Prem.ltn.Ehrhardt	als Geographen
Sousltn. Heyl	
Prem.ltn. Brück	als Pontonieroffizier.

Dieselben sind sofort an die Befehle des das Armeekorps kommandierenden Generalltn. von Le Coq gewiesen worden. Es werden heute den 7. ds. außer dem Kompanie-Requisitienwagen die beiden zur Aufnahme des folgenden Sappeur-Gerätes an: 300 Schaufeln, 60 Doppelhauen, 60 Radehauen, 80 Spitzhauen, 100 Spaten, 30 Zimmeräxte, 30 Handbeile, 30 Faschinenmesser, 10 Kampierschlägel, 10 Trancheestäbe, 6 Schrotsägen, 10 Handsägen, 12 Handschlägel, Winkeleisen, Bohrer, Zangen, einige Brechstangen, Maurerspitzen, eiserne Klammern, Schnuren, Lote u.a. notdürftige Gerätschaften, angezeigten Wagen von hier nach Torgau abgehen und dort anlangen, um am 9. ds. die genannten Geräte verladen zu können.

Die von der Landvermessungsanstalt herzugebenden 3 kleinen Meßinstrumente nebst einem mit einem Perspektiv versehenen Aufsatz und Zeichen-Requisiten müssen einstweilen auf dem Brücken- und Pontonier-Requisitenwagen und späterhin auf dem Kompanie-Requisitenwagen untergebracht werden.“

Die Mobilmachung der sächsischen Truppen vollzog sich in der befohlenen Weise. Das mobile Pontonier-Detachement rückte am 11.02. von Dresden aus nach Guben ab, wo es am 15. anlangte. Tags darauf trafen daselbst auch die Sappeure ein.

Bei der „mobilen Abteilung des Geniewesens" trat noch eine Änderung dahin ein, daß für den Sousltn. Heyl der Premierltn. Geise als Geograph am 28.02. befohlen wurde. Ersterer hatte nämlich sein Abschiedsgesuch[14] eingereicht, wahrscheinlich weil er nicht an der Seite der Franzosen kämpfen wollte. Im Stabe des Generalkommandos befand sich noch ein weiterer Ingenieuroffizier, der Major und Plankammerdirektor Aster. Er war erster Adjoint des Generalstabes.

In der Lausitz wurden in den nächsten Wochen die Truppen noch weiter ausgebildet. Die Abteilungen der Pontoniere und Sappeure wurden in den verschiedenen Dienstzweigen unterrichtet, um sich gegenseitig unterstützen zu können. Es fanden Übungen statt im Sappeurdienst, Schanzkorbflechten, Wegebau, Schanzkorbbrückenbau, Brückenbau aus unvorbereitetem Material und mit der Bockbrücke. Letztere zeigte sich wenig gebrauchsfähig[15], dass sie später bei dem Ausmarsch in Guben zurückgelassen wurde.

Am 16.03. übernahm General Reynier das Kommado über das VII.Korps und besichtigte auch das Pontonier- und Sappeur-Detachement im Brückenschlag.

Am 27.03. brach das Armeekorps aus der Gegend von Guben in Richtung auf die Oder auf, um diesen Fluß auf der festen Brücke bei Crossen und einer bei Neusalz geschlagenen Schiff- und Pontonbrücke zu überschreiten. Außer 7 beigetriebenen Schiffsgefäßen wurde ein Pontontrain von 30 blechernen Pontons und 4 Rekogniszierkähnen[16] eingebaut, welcher unter Begleitung von 1 Sergeanten, 1 Korporal und 12 Mann der Pontonierkompanie am 25.03. von Dresden aufgebrochen und am 30.03. in Neusalz eingetroffen war. Die Rekogniszierkähne wurden am 01.04., da sie sich sehr unzweckmäßig erwiesen hatten, unter Bedeckung von 1 Korporal und 6 Mann wieder nach Dresden zurückgeschickt. Der andere Teil der Begleitmannschaft blieb zurück, wodurch der Bestand des mobilen Pontonier-Detachements auf 1 Offizier, 1 Sergeant, 1 Fourier, 1 Chirurg, 2 Korporals und 26 Mann erhöht wurde.

Am 01. und 02.04. überschritt das sächsische Korps bei Crossen und bei Neusalz die Oder und erreichte Kalisch am 9., Radom am 24.04.1812. In der Umgebung letzterer Stadt wurden bis Mitte Mai Kantonnements bezogen und täglich Exerzier- und Felddienstübungen vorgenommen. Der Brückentrain mit den Pontonieren hatte dem Vormarsch nicht so schnell folgen können, da infolge der schlechten Wege häufig Achsen- und Radbrüche vorkamen, auch vielfach Pferde stürzten. So mußten am 17.04. in Widawa wegen Mangels an Pferden und der schlechten Beschaffenheit der Wege 4 Wagen mit 1 Korporal und 4 Mann zurückbleiben. Für dieselben wurden am 18.04. 24 Pferde beigetrieben, mit deren Hilfe es gelang, die Hauptstaffel am 21.04. bei Petrikau zu erreichen. Von hier wurde der Weitermarsch in 2 Staffeln fortgesetzt. Die eine Hälfte der Pontons, welche mit sämtlichen verfügbaren Pferden bespannt waren, trat am 22.04. an, die andere Hälfte folgte am 25.04. mit beigetrieben Ochsen als Bespannung nach und erreichte Radom am 02.05.1812.

---

[14] Abgangsdatum war lt. Monatsliste der 26.02. Heyl war zu diesem Zeitpunkt 34 Jahre alt und hatte 19 Jahre im Korps gedient.

[15] So die Meinung der Herren Gutschmidt und Gersdorff, der OSL Hoyer sah dies natürlich anders.

[16] Aus den Akten konnten 29 Pontons festgestellt werden und zwar die Nummern 3, 5; 7, 9, 10, 12-14, 16, 18-20, 22, 28, 32, 33, 36, 37, 40 und 42-51. Die Rekogniszierkähne werden nicht mit Nummern erwähnt.

Am 05.05. wurde Premierltn. Brück mit 1 Unteroffizier und 10 Pontonieren zur Weichsel vorausgesendet, um dort eine Brückenstelle auszusuchen und Material für den Bau beizutreiben, da man die Brücke stehen lassen wollte[17]. Am 09.05. nahm Reynier persönlich an der Erkundung teil und bestimmte den Übergangspunkt bei Borek. Bis zum 13.05. war sämtliches Material zum Brückenbau in Pulawy und Gora zusammengetrieben und wurde an diesem und dem folgenden Tage durch die Sappeure und Pontoniere an die Brückenstelle gebracht. Am 15.05. begann der Brückenbau unter Unterstützung des Grenadier-Bataillons Anger, er wurde Tag und Nacht fortgesetzt, so daß die Brücke am 18.05. Mittags fertig gestellt war. Dieselbe war etwa 800 Ellen lang; eingebaut waren 29 große Weichselschiffe, Fähren und Galeeren. Die Herstellung dieser Brücke innerhalb von 3 Tagen machte den sächsischen Pontonieren alle Ehre, da die polnischen und westfälischen Pontoniere unweit Warschau an einer ähnlichen Brücke unter denselben Bedingungen 10 Tage arbeiteten. Am 21. und 22.05. wurde auch über die Wieprz, einen Nebenfluß der Weichsel, eine Schiffbrücke geschlagen. Den Dienst an der Weiselbrücke bei Borek übernahmen die Pontoniere, denen 24 Schiffer von der Infanterie zugegeben waren. Täglich gingen zahlreiche Schiffe mit Getreide und anderen Vorräten versehen durch dieselben nach Warschau ins Magazin. Zum Schutz der Wieprz-Brücken hatten die Sappeure mit dem Bau eines Brückenkopfes begonnen; die linke Flanke dieser Befestigungslinie war durch die Wieprz gedeckt, die rechte Flanke lehnte sich an Moraste an.

Anfang Juni bezog das sächsische Korps zwischen Lublin und Warschau Quartiere, und übernahm die Deckung von Praga und der Festung Modlin. In den Tagen vom 28. bis 30.06. schloß das sächsische Korps bei Zambrow in sich auf.

Das Land, durch welches man jetzt zog, ist ein sandiges Hügelland, teils bebaut, teils bewaldet. Der bewaldete Teil ist durch ausgedehnte, nicht oder schwer zu umgehende Moorgründe und nasse Wiesen unterbrochen, welche von zahllosen Wasseradern und Flußläufen durchschnitten sind. Es erhellt auf den ersten Blick, daß ein solches aus grundlosen Sand- und Sumpfstrecken bestehendes Land dem Fortkommen größerer Armeeabteilungen viele Schwierigkeiten in den Weg legen musste; um so mehr als die aus dem Herzogtume Warschau auf Nieswiecz führende Straße nur den Charakter eines wenig erhaltenen Landweges trug und stellenweise, namentlich in nasser Jahreszeit, fast unfahrbar war, außerdem alle festeren Bauten, als Brückendurchlässe etc. durch die Russen größtenteils zerstört waren.

Für den Vormarsch durch dieses Gebiet wurde daher der Pontontrain in 2 Staffeln zerlegt. Die 12 besten Pontons und Wagen wurden mit je 6 Pferden bespannt und waren bestimmt, mit dem Gros des Sappeur- und Pontonier-Detachements unmittelbar dem Armeekorpsstabe zu folgen, um zu jeder Zeit zur Verwendung bereit zu sein. Die übrigen Pontons mit 1 Sergeanten und 6 Pontoniers wurden dem Artillerie-Hauptpark zugeteilt. Der Transport der Pontons gestaltete sich wegen schlechter Beschaffenheit der Wege und der Übermüdung der Gespanne höchst langwierig und beschwerlich, so konnten z.B. am 02.07. die Pontons beim Hauptpark trotz aller Anstregung im Zeitraume des ganzen Tages nicht mehr wie 2 Meilen zurücklegen.

---

[17] In der Nacht vom 06.05. desertierten aus dem Quartier bei Brendescineck die Train-soldaten Friedrich Schade und Joh. Gfried Rintz und am 15.05. aus dem Quartier Gora bei Pulawy der Trainsoldat Joh. David Frost, alles Landrekruten mit einer 3 monatigen Dienst-zeit. Am 02.06. desertierte der Trainsoldat Gottfried Dittrich aus dem Quartier Boreck. Im Laufe des Monats Juni fanden sich aber Schade, Rintz und Dittrich wieder bei der Truppe ein

Dem erhaltenen Befehl zufolge brach Reynier am 17.07. auf, um über Byteny auf Pinsk, Iwanowo, Kobryn, Brest-Litowsky vorzurücken. Man betrat jetzt das Gebiet des Bielowisker Waldes, „ein wahres Labyrinth von Morast, Wald und nassen Wiesen". Die Straße war zwar breit, aber nur aus Erde und Sand aufgeworfen und bei nasser Witterung schwer, für Geschütz und Wagen oft gar nicht passierbar. Die Sappeure waren daher viel in Anspruch genommen; bald vorn bei der Avantgarde, bald hinten bei dem großen Park führten sie mit Hilfe von Buschwerk und Zweigen und schnell aus ihnen gefertigter Faschinen die notwendigsten Wegebesserungen aus.

Die Sachsen erreichten nach anstrengendem Marsche am 21.07. Bysteny. Von dort wurde der Generalmajor von Klengel mit seiner Brigade nach Kobryn und Brest-Litowsk entsendet. Bei derselben befanden sich auch der frz. Oberst Brulay, der Major im Generalstab Stünzner und der Ing.-Ltn. Ehrhardt, welche den Auftrag erhalten hatten, die Herstellung von Befestigungsarbeiten bei Brest zu leiten, um diesen wichtigen Platz am Bug gegen überlegene feindliche Kräfte behaupten zu können. Am 27.07. mußte die Brigade Klengel bei Kobryn nach tapferem Kampfe, die Waffen strecken.

Infolge dieses unglücklichen Gefechts trat Reynier noch in der Nacht den Rückmarsch nach Slonim an. Unausgesetzt von Kosakenabteilungen umschwärmt, auf schlechten Wegen, die erst ausgebessert werden mußten, wurde am 01.08. Slonim erreicht. 2 Pontons (No.36 und 42), deren Wagen beschädigt waren, hatten den Russen preisgegeben werden müssen, da weder Vorratswagen noch Räder vorhanden waren. Die Pontons wurden auf freiem Feld abgeladen und die leeren Wagen auf Schleppen mitgenommen.

Bei Slonim bezog das sächsische Korps eine Stellung, um die Ankunft der Österreicher zu erwarten. Die Trains wurden hinter die Schtschara zurückgeschickt, über welche die Pontoniere und Sappeure eine Brücke, bestehend aus 10 blechernen Pontons und 40 Ellen Knüppelbrücke auf jeder Seite, herstellten. In ihrem Quartier in Deretschin entgingen die Pontoniere einer großen Gefahr. Sie waren in einem Speicher, welcher in einem tiefen Tale lag, untergebracht. In der Nacht brach plötzlich ein heftiges Gewitter, verbunden mit einem Wolkenbruch, aus; von allen Seiten strömte das Wasser auf den Speicher zu, so daß Menschen und Pferde nur mit Mühe das Freie erreichen konnten.

Am 03.08. trafen die Österreicher in Slonim ein. Die beiden Armekorps gingen erneut zur Offensive vor. Das sächsische Korps ging von Kobryn über Brest, Rudnia, Orchewo, auf Luboml vor. Der Marsch führte durch das Sumpfgebiet des Pripet und die podlesinischen Sümpfe, einem trostlosen unwirtbaren Landstrich. Die Märsche in diesen Grundlosen Morasten, bei Mangel an Trinkwassser und unzureichender Verpflegung, waren mit den höchsten Schwierigkeiten verknüpft, zumal die Russen die Brücken und die nur aus Knüppeldämmen bestehenden Fahrbahnen der Straße zerstört hatten. Durch Wälder und Sümpfe auf den wenigen Verbindungen mit Hilfe der Sappeure sich durcharbeitend, gelangten die Kolonnen am 24.08. an den Pripet, überschritten diesen und drängten die Russen unter steten Kämpfen hinter den Styr zurück. Behufs Deckung und Beobachtung der großen von Lutzk nach dem GHZM Warschau führenden Hauptstraße rückte das sächsische Korps am 04.09. nach Kuselin vor.

Die Pontoniere mit dem Brückentrain waren dem Vormarsch der Armee mit den anderen Trains auf dem linken Ufer des Bug langsam bis Wlodawa gefolgt. Ein längerer Aufenthalt in Brest und Wlodawa wurde dazu benutzt, um den mitgenommenen Brückentrain wieder in einen kriegstauglichen Zustand zu setzen. Auch versuchte man die am 31.07. in die Hände der Russen gefallenen Pontons wieder zu erlangen. Zwar fand eine zu diesem Zweck entsandte Abteilung die Pontons vor, allein waren sie durch die Russen so zerstört worden, dass der eine in Brest versteigert werden musste[18]. Am 05.09. wurde die erste Staffel des Brückentrains dem am Styr stehenden Armeekorps nachgezogen[19].

Unausgesetzt wurden von den bei Kuselin stehenden Sachsen Erkundungen gegen den Styr ausgeführt. Die erste dieser Art fand am 06.09. statt. An dieser nahm auch der Ing.-Kpt. Geise teil, der mit der Erkundung und Aufnahme des Styr beauftragt war. Am 07.09. fiel dieser[20] mit seiner Bedeckung – 8 Husaren unter Sltn. Mangold – der überlegenen feindlichen Kavallerie in die Hände. Der Kpt. Brück wurde vom 11.-13.09. gleichfalls zu einer Erkundung des Styr vorgeschickt.

Am 24.09. traten die verbündeten Korps den Rückmarsch nach dem Bug an. Den Sappeuren fiel zunächst die Aufgabe zu, nach dem Rückzug der Armee die Übergänge über die Tura zu zerstören. Zum Schutz der Arbeiten blieben bei Turysk das GB Spiegel und 1 Bon leichte Infanterie zurück. Die Brücke nebst den dabei befindlichen Mühlen wurden abgebrannt, was der durch die leichte Infanterie im Zaun gehaltene Feind nicht zu verhindern vermochte.

Unter steten Nachhutgefechten rückten die Sachsen über Luboml in Richtung auf Wlodawa am Bug. Brücken mußten von den Sappeuren verbrannt und Dämme sowie Straßen abgegraben und gesperrt werden, um in solcher Art dem Feind möglichst viele Hindernisse in den Weg zu legen und den Gefechten der Nachhut den notwendigen Halt zu geben. Der Rückzug der Armee nach Wlodawa hatte den Zweck, die unwirtliche Gegend östlich von Brest, dem eigentlichen Rückzugspunkt, zu meiden.

Auf diesem Rückzug wurde der ganze Train mit seiner Bedeckung vom Hauptkorps am 28.09. durch die Russen abgeschnitten und gegen den Bug, ca. 10 km unterhalb von Opalin, gedrängt. Man mußte hier auf jeden Fall den Bug überschreiten, um nicht in russische Gefangenschaft zu geraten. Es wurde daher sofort mit dem Bau einer Brücke begonnen und dieselbe in der Nacht fertig gestellt. Die Wahl der Brückenstelle stand nicht mehr frei und es waren die größten Widerwärtigkeiten in Kauf zu nehmen. Auf der Westseite lag vor dem Brückeneingang ein ca. 1.250m langer Sumpf. Um denselben passierbar zu machen, mußte ein nahe gelegenes Dorf, aus 31 Häusern incl. Scheunen bestehend, vollständig abgetragen werden; eine ganze polnische Division und zwei sächsische Grenadier-Bataillone wurden zu dieser Arbeit verwendet. Sofort nach

---

[18] Am 12.09. waren die Pontons 36 und 42 wieder bei der 2.Abteilung eingetroffen. Während No.42 nur kleinere Schäden aufwies, war No.36 stark beschädigt (der obere Bordkasten war völlig abgeschlagen und das Vorderteil stark beschädigt). Dieser musste, da ein Wagen zum Fortkommen fehlte, in die Obhut der Behörden von Brescz gegeben werden. Zwar wurden noch im September Versuche unternommen, den Ponton heranzuschaffen, allein er fehlt in den Listen vom 31.12.1812
[19] Anfang September war die 1.Staffel durchgängig einsatzbereit und vollständig bespannt. Die aus 10 Fahrzeugen bestehende 2.Staffel war um diese Zeit teilweise in Brescz in der Reparatur und mit kleinen Pferden (Konis) bespannt (Meldung Brück's vom 02.09.). Lt. Eines Befehls des Intendanten Ryssel sollten alle Konis, außer den vor die kleinen Wagen gespannten, an die Intendanz abgegeben werden und der Pontontrain hierfür im Austausch 30 Trainsoldaten und 67 angeschirrte Trainpferde erhalten. Der Pontontrain hatte darüber hinaus bereits 7 requirierte Pferde, von denen 3 gleichfalls abgegeben werden sollten, eingestellt. Von den verbleibenden 4 Pferden sollten 3 (1 Hengst und 2 Schimmel) nicht gebrannt werden. Mit Eintreffen der 30 Trainsoldaten sollten auch die seit Slonim bei der 2.Abteilung als Fahrer tätigen 15 Soldaten der verschiedensten Regimenter wieder zu ihren Einheiten zurückgeschickt werden.
[20] Kpt. Geise kehrte erst am 30.12.1813 aus der Gefangenschaft nach Sachsen zurück.

Beendigung des Brückenschlages gg. früh 4 Uhr gingen zuerst die Fahrzeuge und dann die Truppen unter heftigem Nachdrängen der Russen über die Brücke. Alle Fahrzeuge, die auf dem hergestellten Wege stecken blieben, wurden ausgespannt und in den Sumpf geworfen. Gegen Mittag passierten die Letzten die Brücke, die sofort in Maschinen ausgefahren und in ruhiges Wasser gebracht wurde. Während dieser Arbeiten erschienen die Kosaken am anderen Ufer, konnten aber die Arbeit nicht stören, da sie durch die sächsischen Grenadiere in Schach gehalten wurden.

Nach dem Aufladen rückte der Brückentrain in Richtung auf Koszary ab, wohin schon Hptm. Brück nach Beendigung des Brückenschlages vorausgeeilt war, um dort den Übergang für die Hauptmasse des sächsischen Korps in die Wege zu leiten. Dasselbe war am 28.09. bei Luboml eingetroffen und den folgenden Tag stehen geblieben. Mit Anbruch des 30.09. griffen die Russen die Vorposten an, und da sie immer mehr Truppen zeigten, auch Umgehungskolonnen entsendeten, so wurde der Rückzug für die Nacht beschlossen. Alle Zimmerleute des Regiments Le Coq wurden mit den Sappeuren vorausgesendet, um den Weg durch den Wald nach Opalin mit kleinen Feuern zu bezeichnen und diese bis zur Ankunft der Truppen zu unterhalten; eine Maßregel, die sich hier und auch später als überaus zweckmäßig erwies.

In den frühesten Morgenstunden des 01.10. traf das sächsische Korps bei Opalin ein, rastete einige Stunden und setzte den Marsch bis nach Olzanska fort. Hier bezog es auf den einen sanften Höhenzug bildenden Sandhügeln eine Stellung, unter deren Schutz, bei dem Dorfe Koszary, der Übergang erfolgen sollte. Hptm. Brück hatte diese Stelle ausgesucht und den Zugang zur Brücke von den Sappeuren herstellen lassen. Nach 3 Uhr morgens langte die 1.Staffel des Brückentrains, von Opalin kommend, an der Übergangsstelle an und nach Verlauf einer ½ Stunde war eine Verbindung über den Fluß durch Einbau von 12 Pontons hergestellt. Während des Brückenschlages traf auch die beim Vormarsch in Wlodawa zurückgelassene 2.Staffel ein und ging über die fertige Brücke. Mit Hilfe dieses Materials wurde schleunigst unterhalb der schon geschlagenen Brücke ein zweiter Übergang aus 8 Pontons bestehend hergestellt.

Gegen 10 Uhr morgens zeigten sich die Spitzen der russischen Kolonnen. Reynier beschloß daher, das Korps sofort über den Bug zu führen. Die Truppen zogen sich langsam, wechselweise beide Flügel, nahe dem Bug zurück; es wurde öfters Front gemacht, und sowie sich das Gelände verengte, verschwanden einzelne Abteilungen und gingen über die Brücke. Die am weitesten unter Strom liegende Brücke wurde zuerst abgebrochen, nachdem das Gros das linke Ufer erreicht hatte. Kaum hatte der letzte Mann der Nachhut die stehen gebliebene Brücke verlassen, da wurden die Taue durchgehauen und die ganze Brücke unter Zurücklassung der jenseitigen Landstrecke abgeschwenkt und verladen. Es war höchste Zeit, denn schon näherten sich die Kosaken und machten Miene, durch den Bug zu gehen, wurden aber durch überlegenes Feuer zurückgetrieben. Die Russen waren getäuscht, denn die Sachsen waren ihnen in dem Augenblick entschlüpft, wo sie sie ereilt zu haben glaubten. Sie näherten sich dem Bug von allen Seiten. Es entstand ein stehendes Gefecht, nur der Fluß trennte Beide.

Das Abschwenken und Verladen der Brücke hatte nur 15 Minuten gedauert. General Reynier hielt mit seinem Stab in der Nähe und verfolgte mit der Uhr in der Hand die Arbeit der Pontoniere. Er zeigte sich höchst befriedigt von ihrer Leistung und gab dem dadurch Ausdruck, daß er in die Hände klatschte und ihnen immer wieder ein „Bravo Pontoniers Saxons!" zurief. Am nächsten Tag ließ er ihnen 50 Thaler zur Belohnung auszahlen. Merkwürdigerweise wurde bei diesen beiden Brückenschlägen am 30.09. und 01.10. kein Pontonier verwundet.

Am 03.10. vereinigte sich das sächsische und das österreichische Korps bei Brest an der Muhaviza. Hier verblieben beide Korps bis zum 10.10.1812. Brest hängt durch eine hölzerne Brücke über den Bug mit dem Städtchen Terespol zusammen und ist teils auf verschiedenen durch Brücken verbundenen Inseln, welche die Arme des Muhaviza bilden, teils auf dem Land zu beiden Seiten des Flusses erbaut. Von alten Befestigungen war nichts mehr vorhanden als ein weitläufiges Schanzenwerk oberhalb des Einflusses des Muhaviza in den Bug, eine Art Kavalier, der aber nicht unterhalten und in dessen Inneren Gemüsegärten angelegt waren. General Reynier ließ sogleich die Südseite der Stadt befestigen. Die eingefallenen Brustwehren der Schanze wurden wieder hergestellt, die Mauern der Klostergebäude kreneliert und die vor denselben gelegenen Häuser abgetragen.

Die alte Schanze und die Klosterhöfe gewissermaßen als Bastion der 2.Verteidigungslinie angesehen, wurden durch Palisaden verbunden. Die vorderste Linie wurde durch die Umfriedung der Vorstädte, welche durch einige Feldschanzen verstärkt waren, gebildet. Auf dem linken Flügel wurde auf einer Anhöhe eine Batterie mit Hilfe der Sappeure erbaut. Der Muhavizafluß wurde durch einen Damm gesperrt, um die Aufstauung dieses Flusses herbeizuführen. Diese Arbeit war besonders dem Kpt. Brück übertragen. Zur Ausführung der übrigen Arbeiten wurden täglich 400 Soldaten den Ingenieur-Offizieren zur Verfügung gestellt. Außer der Unterstützung der Infanterie bei den schwierigen Arbeiten waren den Sappeuren und Pontonieren noch besondere Aufgaben zugeteilt worden. Die von Brest nach Terespol führende Brücke wurde zum Verbrennen vorbereitet. Zur Verbindung der Schanze mit der Stadt wurde am 04.10. von den Sappeuren eine Brücke, bestehend aus einer großen Fähre und 40 Ellen Landbrücke auf jedem Ufer gebaut. An demselben Tage schlugen die Pontoniere 5 Stunden unterhalb Brest eine Pontonbrücke über den Bug für den Übergang der Bagage. Außerdem wurde noch unterhalb Brest am 06.10. von den Sappeuren unter Leitung des Hptm. Brück eine Floßbrücke über den Muhaviza gebaut.

Allerdings wurde die Stellung von den Russen auf dem linken Flügel umgangen, so daß beide Korps in der Nacht zum 11.10. aus ihrer Stellung abzogen. Sie trafen mit Tagesanbruch an der Lesna ein, einem nur 10-15 Schritt breiten Flüßchen, daß aber seiner Tiefe und seiner steilen und morastigen Ufer wegen nur auf Brücken zu überschreiten war. Die Sappeure und einige Pontoniere mussten nach dem Abzug des Korps sämtliche über den Muhaviza führenden Brücken abbrennen und folgten mit einer Nachhut von 200 Mann dem Gros. Letzteres war bei Ankunft der Nachhut bereits in Schlachtstellung aufmarschiert. Die Sappeure erhielten bei ihrer Ankunft den ausdrücklichen Befehl, die Brücken bei Kliniki und Tereban nur abzutragen. Die Russen folgten aber so dicht, dass die Zerstörung der Brücken nicht gründlich genug erfolgen konnte. Es gelang ihnen daher auch, die Brücken bei Kliniki wieder herzustellen und über diese vorzudringen. Erst nach längerem heftigen Handgemenge warf die leichte Infanterie die Russen wieder zurück, worauf die Brücken verbrannt wurden.

Es wurde zur Deckung von Warschau und Wilna der Rückmarsch in nordwestliche Richtung angetreten; alle Verbindungen wurden von den Sappeuren unterbrochen. Am 14.10. nachmittags und in der Nacht gingen die Korps über den Bug in eine Stellung bei Drohiczyn. Der Brückentrain, dessen beide Staffeln seit dem Übergang über den Bug gemeinsam marschiert waren, wurde für diesen Übergang wieder zerlegt. Mit dem kleineren Teil schlug Hptm. Brück , unter Zuhilfenahme von unvorbereitetem Material, 3 Stunden oberhalb der Stadt eine Brücke, auf der das sächsische Korps in der Nacht zum 15.10. den Bug überschritt; die größere Hälfte wurde 1 Stunde oberhalb der Stadt eingebaut. Über diese gingen der Hauptpark und die ganze Bagage des Korps.

Unmittelbar unterhalb dieser Brücke hatten die Österreicher eine Bockbrücke gebaut, welche aber dem Übergang der Truppen nicht lange standhielt. Es marschierte daher auch die ganze österreichische Infanterie und Kavallerie über die sächsische Brücke. Am 15.10. morgens 6 Uhr wurde mit dem Abbruch der Brücken begonnen. Da die Russen schon auf dem anderen Ufer erschienen, musste ein Ponton, der sich mit Wasser gefüllt hatte, im Bug liegen gelassen werden.

Nach wiederholten Gefechten und einem Vorstoß des VII.AK auf Biala, verblieben die vereinten Österreicher und Sachsen, verstärkt durch die Division Durutte, bis zum 28.10. in ihren Stellungen. Das Lager der sächsischen Truppen befand sich bei Skrzeszew am linken Ufer des Bug; die Trains lagen an der Straße nach Warschau weiter zurück bis nach Liw. Der Pontonstrain bestand zu dieser Zeit nur noch aus 12 Pontons, welche mit je 8 Pferden bespannt waren. Die Übrigen waren am 17.10. mit 1 Korporal und 3 Mann zur Reparatur nach Warschau gesandt worden.

In der Nacht zum 28.10. wurden die Pontoniere nach dem Dorfe Wassilow herangezogen und schlugen dort eine Brücke aus schon beigetriebenem Material. Für den Übergang des Fuhrparks wurde bei dem Dorfe Grana von den Sappeuren und einem Teil der Pontoniere eine zweite Brücke, ebenfalls aus unvorbereitetem Material hergestellt. Im Laufe des 29. und 30.10. gingen die Sachsen über den Bug und traten am 31.10. den Flankenmarsch auf Rudnia an. Die grundlosen, durch morastige Gegenden führenden Wege machten diesen Marsch zu einer der beschwerlichsten des ganze Feldzuges. Am 04. und 05.11. wurde bei Narewka der Narew auf einer von den Pontonieren aus 2 Fahrzeugen gebauten Brücke überschritten. Fortgesetzt wurde die Kolonne auf diesem Flankenmarsch von Kosaken umschwärmt. Das Fortkommen der Fahrzeuge war bei der bis auf -15°C gestiegenen Kältesehr erschwert. So mußte ein Hacket, an dem zwei Räder zerbrochen waren, auf freiem Feld liegen gelassen werden. Um Vorratswagen zu erhalten, wurden zwei weitere Pontons (No.10 und 20) abgeladen und bei einem Edelmann in der Scheune versteckt.

Am 14.11. nahm das sächsische Korps bei Wolkowysk Stellung. Hier wurde es in der Nacht zum 15.11. überfallen. Da der Sieg zweifelhaft war, wurden Vorbereitungen zum Rückzug hinter die Memel getroffen. Die Pontoniere rückten am 16.11. nach Mosty, um die von den Österreichern erbaute und in der Mitte durch Treibeis zerstörte Floßbrücke durch den Einbau von Pontons wieder nutzbar zu machen. Auf derselben gingen die sächsischen Trains auf das rechte Ufer der Memel über. Dem den glücklichen Ausgang bei Wolkowysk folgenden Vormarsch schlossen sich die Pontoniere nicht an, vielmehr rückte dieselbe, nachdem am 19.11. die große Bagage, Verwundete und Gefangene diese Brücke über die Memel überschritten hatten, nach Swilocz, woselbst sie vom 21.11. – 15.12. stehen blieben. Der Grund hierfür war wohl der, daß bei dem eingetretenen Eisgang eine Verwendung des Brückentrains nicht mehr möglich erschien. Waren doch die in die Brücke bei Memel eingebauten Pontons vollständig durch den Eisgang zerstört, so dass man die vor Kurzem in der Scheune versteckten Pontons wieder holen musste.

Am 26.11. hatten die Verbündeten wieder die Muhaviza-Linie erreicht. In den Tagen bis zum 07.12. marschierte das sächsische Korps über Prushavy und Siebe nach Rozan, das österreichische nach Slonim. Den beiden Armeekorps wurde die Deckung von Warschau übertragen. Am 18.12. wurde unter denkbar ungünstigen klimatischen Bedingungen der Marsch auf Warschau angetreten. Am 26.12. kam das VII.AK hinter dem Liewjec-Fluß an, das Gros wurde in der Umgebung von Okuniew in Quartiere gelegt.

Die Pontoniere und der Brückentrain waren am 15.12. in Swilocz aufgebrochen und direkt auf Warschau marschiert, wo sie am 30.12. auf dem Platz am sächsischen Palais biwakierten. Am folgenden Tag wurden die Pontoniere nach Pulawy, oberhalb von

Warschau gelegt und am 06.01.1813 mit den Sappeuren zusammen in den Kasematten des Brückenkopfes in Warschau untergebracht. In Warschau fanden sich auch die zur Reparatur zurückgeschickten 15 Pontons[21] in bestem Zustande vor. Die Pontoniere übernahmen sofort dieselben und beluden sie mit allem Leinenzeug, Ankern etc., worauf sie am 09.02. über Glogau nach Sachsen zurückgeschickt wurden. Unter Führung des Train-Ltn. Pallnitz traf der Train am 05.03. in Torgau ein. Das Material war sehr unvollständig, Balken und Bretter fehlten gänzlich, ebenso Spanntaue, Schnürleinen und Ruder, nur noch 32 Brückentafeln und 12 Bootshaken waren vorhanden. Kpt. Brück hatte sich aufgrund einer am 01.01.1813 einsetzenden Erkrankung am Nervenfieber der rückmarschierenden Pontonkolonne angeschlossen, erlag aber schon am 15.01. in Opocza seinem Leiden[22]. Am 01.02. wurde auch der Pontonier-Sergeant Arldt, der seit einiger Zeit schwer erkrankt war, auf Befehl des Chefs des Generalstabes v.Langenau mit Extrapost nach Sachsen zurückgeschickt und ihm ein Mann als Pfleger beigegeben.

In den ersten Februartagen trat das sächsische Korps den Rückmarsch nach Sachsen an, während die mit den Russen verhandelnden Österreicher Warschau weiter besetzt hielten. Die hier zur Ausbesserung befindlichen 12 Pontons[23] nebst Wagen wurden, da ein Abtransport in keinster Weise bewerkstelligt werden konnte, zerschlagen und die Trümmer an Juden verkauft.

Die Überreste des sächsischen Korps erreichten, mit den Kosaken an den Fersen, Anfang März Bautzen. Die Pontonier- und Sappeur-Abteilung, zu der als dienstleistender Offizier der Ltn.v.Larisch vom Regiment Prinz Friedrich August kommandiert war, wurde der Nachhut zugeteilt und zerstörte alle wichtigen Übergänge und Brücken, um den Russen möglichst viele Hindernisse in den Weg zu legen. Am 07.03. rückte Reynier mit dem Rest seines Armeekorps in Dresden ein. Während die übrigen Truppen in Dresden verblieben, marschierte das mobile Pontonier-Detachement sofort nach Torgau weiter und vereinigte sich dort mit dem Depot. Letzteres hatte bereits am 27.02. das gesamte in Dresden vorhandene Brückenmaterial (22 blecherne und 40 hölzerne Pontons sowie 10 blecherne und 1 hölzernen Rekognoszierkahn) nach der Festung in Sicherheit gebracht. Am 09.03. wurde mit Hilfe der hölzernen Pontons für die zurückgehenden frz. Truppen unter den Toren der Festung eine Brücke geschlagen.

General Reynier hatte höheren Ortes den Befehl erhalten, die Dresdner Elbbrücke sprengen zu lassen. Er ließ deshalb die sächsischen Ingenieur-Offiziere fragen, ob sie die hierzu nötigen Arbeiten zu leiten imstande wären. Als man diesem, an sich keineswegs schwierigen, aber unangenehmen Auftrag auszuweichen suchte, wurde der frz. Ing.-Ltn. Gade damit beauftragt und ihm die sächsische Sappeurabteilung mit Ltn. Plödterl

---

[21] Die Situation ist aktenseitig unklar. So befiehlt Langenau am 21.10.1812 (Anlage 17) die Rücksendung von 12 Pontons zur Reparatur nach Warschau und der Lieferschein vom 31.12.1812 (Anlage 25) listet nur 12 übergebene Pontons auf. Allerdings gibt eine undatierte „Specification deßen, was vom K.S. Ponton-fuhrwesen nach Warschau abgeht" des Korporals Bähr 2 15 Pontons auf (zusätzlich No. 5, 16 und 47).

[22] Das Protokoll über die Sachen des Verstorbenen nahmen Kpt. Sigismund und die Pltn. Birnbaum und Schmidt (Artillerie) sowie der Brückenschreiber Strehle auf. Da die Abrechnungen nur bis zum August geführt waren, wurden alle aufgefundenen Gelder unter Verschluß genommen. Seinen Offiziersdegen soll der Verstorbene – so der Brückenschreiber – im Sommer 1812 dem Kpt. Mosel vom GB Spiegel geliehen, aber noch nicht zurück erhalten haben. Der Verstorbene wurde mit Hemd, weißer Weste, Uniform, grauer Tuchhose und weißer Mütze beerdigt.

[23] Dies ist aktenseitig nicht zu belegen, da der Lieferschein vom 31.12.1812 (Anlage 26) gibt nur 10 Stück. Allerdings berichtet Brück am 31.12.1812 an Langenau in Warschau 11 Pontons übergeben zu haben.

unterstellt. Weitere Einzelheiten würden den Rahmen dieser Ausarbeitung sprengen. Zur Teilnahme der Ingenieure sei nur erwähnt, dass am 11.03. der Mj. Damm die Arbeiten fortführte. Der am 13.03. in Dresden eintreffende Marschall Davout erkannte die Hintertreibung Reyniers[24] und ließ die Brücke durch den frz. Ing.-Ltn. Hennequin und den aus Torgau hierzu erbetenen Mineurmeister Beck der sächsischen Sappeurkompanie zur Sprengung vorbereiten und am 18.03. ausführen.

Dem Ltn. Larisch ward kurz darauf der Auftrag zuteil, eine Erddeckung für 2 Geschütze am äußersten Ende des auf der Altstädter Seite stehen gebliebenen Brückenteiles aufzuwerfen. Die Erde dazu musste dem Brühlschen Garten entnommen werden und nach dem Platze geschafft werden. Der beschränkte Raum gestattete indes nur die Aufstellung eines Geschützes.

Auf Befehl des Königs rückten die Sachsen am 21.03. nach Torgau.

Am Abend des 31.03. gg. 21:00 Uhr wurde der Ltn. Buttlar mit 1 Uffz. und 12 Schützen vom Rgt. Le Coq mit Schiffen nach Prettin geschickt, um Fourage zu holen. Der Uffz. Klemm und 10 Pontoniere leiteten die Fahrzeuge. Als das Kommando am 01.04. in der Dunkelheit an Land ging, wurde es von Kosaken umringt und gefangen. Ltn. Buttlar wurde vor den preuß. General Kleist gebracht und von diesem mit Auszeichnung behandelt. Am 05.04. wurde das Kommando unter Belassung aller Waffen und Ausrüstungsgegenstände wieder entlassen.

Die beiden gefangenen Offiziere, Kpt. Geise und Ltn. Erhardt, kehrten Ende 1813 aus der Gefangenschaft zurück.

3.3   Der Feldzug von 1813

3.3.1   Der Feldzug von 1813 bis zum Waffenstillstand

Mit Rückzug der Verbündeten über die Elbe fiel Sachsen wieder in Napoleons Gewalt.

Am 13.05. wurde eine sächsische Division und dem General Sahrer von Sahr dem neu gebildeten VII.AK unter Reynier unterstellt. Dieser Division war eine Abteilung Sappeure und Pontoniere mit einem Brückentrain von 3 Pontons und 1 Rekognoszierkahn zugeteilt. Das Kommando über die Abteilung führte Kpt. Clauß, beigegeben waren die Leutnants Günther, Wiedemann und Buschbeck. Ing.-Kpt. Oberreit war als Adjoint dem Divisionsstab zugeteilt. Die übrigen Offiziere blieben teils in Torgau zurück, wo die Festungsbauarbeiten mit allem Nachdruck fortgeführt wurden, teils befanden sie sich noch mit den Archiven der Plankammer, der Ingenieur-Akademie und des Militärbauamtes auf dem Königstein, wohin sie sich beim Rückzug der Franzosen begeben hatten.

Am 12.05. erhielt der Kpt. Kühnel von der Pontonierkompanie durch den Oberst Le Coq den Auftrag, die noch in Torgau befindlichen Pontons und Wagen schleunigst in marschfertigen Zustand zu setzen, um der Großen Armee nach der Lausitz zu folgen. Der Pontontrain war aber zur Zeit noch nicht auf einen Marsch vorbereitet, es fehlte an Leinenzeug, Ankern und anderen Gerätschaften, auch war keine Bespannung für den Train vorhanden, da die in Torgau vorhandenen Pferde bei weitem nicht ausreichten, um das nötige Heeresgerät fortzuschaffen. Der Brückentrain sollte daher mit Vorspannpferden, die an bestimmten Stationen gewechselt werden sollten, weitergebracht

---

[24] Reynier hatte die Minenkästen heimlich mit Sand statt mit Pulver füllen lassen.

werden. Nach Maßgabe der Beschaffung der Pferde und der Fertigstellung des Brückenmaterials ging der Train staffelweise der Großen Armee nach. Als Marschstraße wurde ihnen der Weg Strehla, Riesa, Meißen, Wilsdruff, Dresden und weiter in Richtung auf Bautzen gewiesen. Am 16.05. rückte die erste Staffel, bestehend aus 18 Pontons und 4 Rekognoszierkähnen unter Begleitung von 1 Korporal und 6 Mann ab; ihr folgte am nächsten Tage das Gros der Kompanie unter Kpt. Kühnel mit 1 Brückenschreiber, 2 Korporals und 16 Mann sowie einem Train von 17 Pontons und 5 Rekognoszierkähnen, welches sich der 4.frz. Pontonierkompanie unter Oberst Desailles anschloß. Hinter Dresden vereinigten sich beide Staffeln der Kompanie und erreichten im Laufe des 20.05. die Gegend von Bautzen.

Nach der Schlacht von Bautzen wurde die Sachsen in die Vorhut beordert und hatten am 22.05. beim Übergang über das Löbauer Wasser einen längeren Kampf. Der Feind zur Verhinderung des Überganges bei Weißenberg die Brücke in Brand gesteckt. Die Sappeure versuchten vergebens sie zu erhalten; die brennende Brücke stürzte unter diesen Versuchen zusammen und mit ihr versank auch der Pltn. Günther, welcher indes noch gerettet werden konnte.

Am 23.05. erzwangen die Sachsen den Übergang über die Neisse bei Görlitz, die dortige Brücke war von den abziehenden Verbündeten in Brand gesteckt worden. Die Sappeure schlugen daher oberhalb der Stadt eine Brücke. Ein unmittelbarer Angriff auf diese Brücke wurde zwar durch die übergegangenen Deckungstruppen verhindert, jedoch beschossen die auf den entfernteren Höhen stehenden feindlichen Batterien den Übergangspunkt auf das heftigste. Um 12 Uhr konnte der Übergang des VII.AK beginnen; zur Beschleunigung desselben befahl aber der eine Stunde später eintreffende Kaiser die Errichtung von zwei weiteren Brücken. Es wurden sofort die Pontonierkompanien, welche im Biwak dicht vor Görlitz lagen, herbeigezogen. Die sächsische Kompanie stellte schnell eine Pontonbrücke her, während frz. Pontoniere daneben eine Bockbrücke bauten.

Die sächsische Pontonbrücke wurde erst am 25.05. wieder abgebrochen, worauf die Kompanie ihrem inzwischen weitergerückten Korps folgte. In Görlitz traten auch die bisher beim Sappeurdetachement befindlichen Fahrzeuge zum Train der Pontonierkompanie zurück, während die dazu kommandierten Mannschaften (1 Korporal und 8 Pontoniere) bei der Sappeur-Abteilung verblieben. Der vereinigte Brückentrain bestand daher von jetzt an aus 37[25] Pontons und 10 Rekognoszierkähnen mit einer Bedienung von 1 Brückenschreiber, 4 Uffz. und 20 Mann unter dem Kommando des Kpt. Kühnel.

Von Görlitz aus verfolgte das VII.AK die nördliche Kolonne der abziehenden Verbündeten. Der Feind hatte alle Brücken über die Queiß und den Bober zerstört. Die Sappeure mussten daher die Brücken bei Naumburg über die Queiß in die Boberbrücke bei Schlemmer für den Weitermarsch ihres Korps instand setzen.

Von Liegnitz nach Breslau in Marsch gesetzt, traf das VII.AK am 31.05. auf preußische Truppen, welche die Brücke über das Schweidnitzer Wasser bei Arnoldsmühl bereits abgebrannt hatten und den Übergang streitig machen wollten. Erst nach längerem Kampf verließen die Preußen den Fluss, sodass die noch nicht völlig zerstörte Brücke von den Sappeuren wieder hergestellt werden konnte.

---

[25] Die Zahlen sind etwas verwirrend. Bei 12 aus Rußland zurückgekehrten und 22 in Sachsen befindlichen Pontons fehlen 4 Stück, um auf die Ausrückstärke von insgesamt 38 Stück zu kommen. Auch muss dann zwischen dem 13.-25.05. ein Ponton abhanden gekommen sein.

Den weiteren Feindseligkeiten machte am 01.06. eine Waffenruhe, dem ein Waffenstillstand folgte, ein Ende. Die Sachsen gingen, den Bestimmungen gemäß, am 07.06. nach Görlitz zurück.

Der Brückentrain und die Pontonierkompanie blieben mit der frz. Pontonierkompanie unter Befehl des OSL Boy zusammen. Sie wurden am 09.06. zwei Stunden von der Festung Glogau entfernt in dem Dorf Karitz und der Stadt Quaritzsch untergebracht und am 17.06. nach Glogau selbst verlegt, wo ihnen mit den Franzosen zusammen die reformierte Kirche als Quartier angewiesen wurde. Die notwendige Ausbesserung des Brückentrains – 23 Pontons und alle Rekognoszierkähne waren nicht mehr in einem kriegstüchtigen Zustand – wurde mit Hilfe von Zivilarbeitern eifrig betrieben.

3.3.2   Die Befestigung von Dresden und der Elbelinie sowie die Kämpfe darum

Bereits am 20.03. war in einem Schreiben Napoleons die Absicht ausgesprochen worden, beim Ergreifen der Offensive Dresden zu einem Depotplatz zu machen. Nach Besetzung Dresdens am 10.05. wurde sofort der Befehl erteilt, die Neustadt zu befestigen. Die Altstadt sollte nur durch Palisadenabschlüsse mit Barrieren an den Straßenzugängen der Vorstädte, den so genannten Schlägen gesichert werden.

Die Arbeiten in Dresden erstreckten sich im Anfang nur auf das rechte Elbufer; erst als der Beitritt Österreichs zur Koalition zu befürchten stand, ergingen am 08.07. auch Befehle zur Befestigung der Altstadt.

In Neustadt war im Allgemeinen eine einfache, dem geschleiften Hauptwall folgende, bastionierte Umwallung ohne Raveline erbaut. Sie bestand aus 5 Fronten von etwa 400 Schritt Länge, die nur in den Saillants und Schulterwinkeln zur Artillerieverteidigung eingerichtet waren. Eine Pallisadierung stand am Fuße der Eskarpen im Graben, ein Rondengang an der Kontreeskarpe fehlte gänzlich. Vor dem schwarzen Tor war ein detachiertes Werk, das Fort Impérial angelegt. In einer Entfernung von ½ Stunde war vor die feldmäßig ausgebaute Stadtumwallung auf die Höhen der heutigen Alberstadt ein Kranz von 8 selbstständigen Werken vorgeschoben, der bei Pieschen und am Waldschlößchen an die Elbe anschloß. Die Zwischenräume zwischen den einzelnen Werken waren durch Palisaden und Verhaue geschlossen.

In Altstadt hatte man am 14.07. begonnen, um die Vorstädte nicht dem Feind preiszugeben, die Gartenmauern, Zäune und Hecken zur Verteidigung einzurichten und deren Lücken durch Pallisaden zu schließen. Außerdem waren dicht vor den Schlägen 5 Lünetten erbaut, zwei gegen Osten vor der Pirnaer Vorstadt (am Ziegel- und am Pirnaischen Schlag) und 3 gegen Süden vor der See- und Wilsdruffer Vorstadt (am Hospitalgarten, am Falken- und am Freiberger Schlag). Die Lünetten waren nach dem damals üblichen Feldschanzenprofil gebaut. Die Brustwehren mit 200m Feuerlinie, nur 7 Fuß hoch und 12 Fuß stark, die Gräben 8 Fuß tief, oben 20 und unten 6 Fuß breit; auf der Sohle eine Pallisadierung, welche auch die Kehle schloß. Die alte Stadtbefestigung, von der die Bastionen zum größten Teil noch erhalten waren, hatte man zu einem Generalabschnitt hinter den Vorstädten auszubauen versucht, war indessen mit der Vertiefung der Gräben, den Pallisadenabschnitten und der Einrichtung der Häuser nicht zu Ende gekommen.

Zur Herstellung dieser umfangreichen Arbeiten musste das Land einige Tausend Arbeiter und Fuhrwerke stellen, erst später wurde auch frz. Infanterie verwendet. Die Beaufsichtigung der Arbeiten wurde dem sächsischen Ingenieurkorps übertragen. Am

15.05. kehrten daher die nach dem Königstein gegangenen Offiziere und Unteroffiziere zurück. Es waren dies die Majore Rouvroy und Berggold, der Kpt. Törmer, die Leutnants Haarenberg, Rhaesa, Erhardt und Fischer, 6 Trancheesergeanten, 3 Scholaren und 2 Sappeurs. Außerdem wurden im Juli aus Torgau der Mj. Damm, die Leutnants Brauchitzsch, Bärend, Knöbel, Köhler und Lehmann sowie der Pltn. Ulrich und das Depot der Sappeurkompanie herbeigezogen. Die sächsischen Ingenieure fanden ihre Verwendung bei der Befestigung auf der Neustädter Seite. Der Ltn. Erhardt war mit einigen Offizieren und Trancheesergeanten der frz. Behörde beauftragt, eine genaue Aufnahme der Residenz und ihrer Befestigungswerke anzufertigen. Die Leitung der Gesamtarbeiten lag in der Hand des frz. Genie-Obersten Marion, welcher Direktor der Dresdner Befestigung war.

Mitte Juni beschloß Napoleon, oberhalb Dresdens einen Manövrier-Brückenkopf anzulegen. Am 22.06. gab er Befehl, unter dem Königstein zwei Brücken über die Elbe zu schlagen und am rechten Ufer unter dem Lilienstein einen geräumigen Brückenkopf, als Reduit desselben ein Werk auf dem hohen Talrand, dann mehrere Werke den östlichen Fuß des Liliensteines umfassend, anzulegen. Hierzu kamen später noch einige bis Hohnstein vorgeschobene Schanzen. Mit geringer Besatzung sollte dieser Brückenkopf gegen eine feindliche Armee behauptet werden können, andererseits aber Lagerraum für 30 – 60.000 Mann geschaffen und, um deren Operationen auf beiden Seiten zu ermöglichen, für die nötigen Straßen gesorgt werden. Neben umfangreicher Verbesserung vorhandener Wege erforderte dies namentlich den höchst schwierigen Neubau einer etwa 5/4 Meilen langen Straße auf dem felsigen Kamm des Ziegenrückens entlang. Die zu diesen Arbeiten kommandierten sächsischen Ingenieure standen unter Mj. Rouvroy ; die Oberleitung lag natürlich auch in frz. Händen. Im Bereich des Brückenkopfes waren zwei Brücken über die Elbe geschlagen; die obere lag in der Nähe der Mündung des Bielabaches, die untere am unteren Ausgang des Städtchens Königstein. Die obere enthielt Elbkähne und einige Brückenböcke, die untere Brücke war aus dem hölzernen Pontontrain erbaut, welcher Ende Mai mit dem Depot der Pontonierkompanie unter dem Sergeanten Arldt von Torgau nach Königstein geschafft worden war. Die Brücken waren weder durch eine Estakade noch durch eine vorgezogene Kette gegen Zerstörung gesichert.

Am 24.08. waren die vorgeschobenen frz. Truppen auf die Höhen von Räcknitz, Zschernitz und Strehlen sowie den Großen Garten zurückgedrängt und mussten am folgenden Tag sogar bis auf die Umfassungen der Vorstädte zurückgehen.

Am 25.08. wurden die Lünetten auf der Altstädter Seite mit Geschütz armiert und mit Besatzungen versehen. Die Arbeiten am Rande der Vorstädte und der alten Stadtbefestigung wurden mit allem Eifer betrieben. Auch sämtliche bisher auf dem rechten Ufer beschäftigten sächsischen Ingenieure wurden auf das linke Ufer beordert und zur Vollendung der Verteidigungseinrichtungen und Besetzung der Lünetten bestimmt. Sie erhielten im Einzelnen folgende Bestimmungen: Leutnant Rhaesa nach Lünette I, Brauchitzsch nach II, Bärend nach III, Ulrich nach IV und Ehrhardt nach V; in der zweiten Linie (Umfassung der Vorstädte) standen die Leutnants Haarenberg und Knöbel; auf der Hauptumwallung befanden sich die Leutnants Köhler und Lehmann. Außerdem wurden in jede Schanze noch einige sächsische Sappeurs verteilt.

Am 26.08. traf Napoleon in Dresden ein. Der steinerne Gang über den südwestwärts gelegenen Flügel des Zwingergebäudes, durch welchen das Tor nach der Ostraallee hinausführt, sollte nach Meinung des Kaisers auch mit einer Brustwehr versehen sein. Als er daher bei einer Besichtigung der Werke den Wall nicht vorfand, war er sehr ungehalten und drohte dem dort arbeitenden Ltn. Köhler, der eben das Zwingertor verbauen ließ, erschießen zu lassen, wenn diese Brustwehr bei seiner Rückkehr von der Erkundung nicht fertig gestellt wäre. Ltn. Köhler, der erst am vorherigen Tag diesen Bauposten übernommen hatte, erkannte die Unmöglichkeit, diese Arbeit in so kurzer Zeit herzustellen, weil man keine Erde hatte und diese nur auf großen Umwegen mittels Karren herbeizubringen war. Der dem Ltn. Köhler beigegebene frz. Sappeur-Sergeant wusste aber Rat. Er ließ Fässer in der Nähe aufstapeln, leer und mit dem Boden nach oben dicht an das steinerne Geländer aufstellen, einige Zoll mit Erde bedecken und Sandsackscharten darauf bauen. So war die Brustwehr fertig und man war zufrieden.

Eine Darstellung der Kämpfe um Dresden würde den Rahmen mehr als sprengen. Von den sächsischen Ingenieuren ist aber folgendes zu berichten. Als die frz. Artilleristen in der Lünette IV sich weigerten einen sächsischen eisernen 12-Pfünder abzufeuern, der in einer eilig angefertigten unbeschlagenen Lafette lag und hinsichtlich seiner Haltbarkeit sicher wenig Vertrauen einflößte, lud und richtete der in dieser Lünette befindliche Ltn. Ulrich das Geschütz und hatte das Glück, die Spitze der angreifenden österreichische Kolonne zu erreichen, worauf der Widerwillen der frz. Artilleristen gegen diese alten Kanonen schwand.

Als die fast gänzlich zerschossene Lünette III von den Österreichern erstürmt wurde, konnte sich der darin befindliche Ltn. Bärend nur mit einem Sprung über die Palisaden in den dahinter befindlichen Hospitalgarten retten.

Am 27.08. lag das Hauptquartier des Kaisers in einem Zelt nahe der Lünette IV. Als Ordonanzoffiziere waren dem Kaiser die Ltn. Ehrhardt und Knöbel beigegeben, welche bis zum 04.09. in seiner Suite verblieben.

Der den Verbündeten nachsetzende Vandamme war am 27.08. bei Königstein über die Elbe gegangen und hatte bis zum Mittag die Wegnahme des Pirnaer Plateaus vollendet. Bei dessen Korps befand sich der Kpt. Kühnel mit dem Großteil der Pontonnierkompanie und einem Train von 24 gedeckten und 6 offenen Pontons (oder Rekogniszierkähne); der Rest des Brückentrains war mit einem Korporal und 6 Mann in Gemeinschaft mit den frz. Kompanien bei den Truppen in Schlesien zurückgeblieben.

In den ersten Nachmittagsstunden des 27.08. schlugen die sächsischen Pontoniere bei furchtbarem Regen und Sturm oberhalb des Dorfes Copitz aus den Pontons und beigetriebenen Material eine Brücke. Auf derselben ging gleich eine von Lohmen kommende Division über die Elbe. Die Pontoniere bezogen darauf in Pirna Quartier. In der Nacht vom 29. zum 30.08. wurde die Brücke wieder abgebrochen und der Train nach Sedlitz gebracht.

Am 02.09. wurde die Brücke bei Pirna abermals geschlagen. Sie bestand aus sächsischen und frz. Pontons sowie Elbfahrzeugen und wurde im Laufe des Nachmittags fertig gestellt. Es gingen polnische Ulanen, frz. Garde und Artillerie über diese Brücke. Am 03.09. erfolgte der Abbruch und die Pontoniere rückten mit dem Material nach Dresden, woselbst die Ankunft am Rampischen Tor früh 4 Uhr erfolgte.

In einem Biwak am Weißen Tor bleiben die Pontoniere bis zum 14.09. liegen. Daselbst trafen am 09.09. die in Schlesien verbliebenen Pontoniere ein. Die Vorspannpferde des Brückentrains mussten zur Bespannung der Artillerie abgegeben werden. Pontons und Fahrzeuge waren durch häufige Verwendung und immerwährende Märsche wieder in einem schlechten Zustand; Ankertaue und das übrige Leinenzeug nahmen die frz. Pontonier-Kompanien an sich. Von allem entblößt mussten die Pontons auf den leeren Wagen auf dem Jägerhof aufgefahren werden.

Am 14.09. brachen die Pontoniere von Dresden auf und schlugen zusammen mit den frz. Pontonnieren abermals eine Brücke bei Pirna. Diese bestand aus 35 frz. Pontons und 2 Zoll-Kähnen. Die sächsischen Pontoniere blieben in Copitz im Quartier, bis sie am 20.09. nach Königstein abgerufen wurden. Den Dienst an der dort stehenden Brücke – die obere war bereits am 10.09. abgebrochen – versah der Sergeant Arldt mit einem kleinen, teilweise aus Rekruten bestehenden Detachement. Dasselbe hatte eine schwierige Aufgabe, weil sowohl der tägliche Dienst zu verrichten als auch die Brücke durch zweckmäßige und schnelle Maßnahmen gegen unerwartete Vorfälle zu sichern war. Das sächsische Detachement war aber teils durch Kranke, teils durch die zur Armee abgeschickten und von Kosaken zerstreuten Ersatzmannschaften, teils durch Besetzung der auf der Elbe befindlichen Wachschiffe bis auf 13 Diensttuer zusammengeschmolzen. Der Kommandant der Pontonier-Kompanie, OSL Hoyer, beantragte daher, den Kpt. Kühnel mit dem bei der Großen Armee befindlichen Detachement zur Brücke nach Königstein zu beordern, da dort die Anwesenheit dringend notwendig wäre, während es nutzlos und überflüssig erschien, die wenigen Leute den ausreichend starken frz. Kompanien beizugeben, nachdem die blechernen Pontons für den ferneren Dienst vorerst nicht tauglich in Dresden lägen und die dazu gehörenden Geräte aber sämtlich an die frz. Behörden abgegeben waren.

Infolge dessen rückte Kpt. Kühnel und außerdem eine frz. Pontonier-Kompanie am 20.09. nach Königstein ab, wo sie mittags eintrafen. Die dort befindliche Brücke war zur Zeit des Eintreffens unpassierbar, da am Morgen die Österreicher einen Angriff auf dieselbe gemacht hatten.

Bereits am 07.09. hatte man in Erfahrung gebracht, dass die Österreicher in Tetschen zur Zerstörung der Brücke Brandschiffe vorrichteten. Es wurden daher von nun an 3 Wachtschiffe aufgestellt und die Brücke während der Nacht im Stromstrich geöffnet. Am 20.09. früh zwischen 4 und 5 Uhr kamen wirklich 6 Schiffe, welche mit Granaten, Bomben, Stroh, Reisig und Pechfässern angefüllt waren, die Elbe herab geschwommen. Böhmische Schiffer hatten dieselben bis zum Königsteiner Schießhaus geleitet, dann aber dem Strom überlassen. Die Schiffer und Pontonniere, welche die Wachtschiffe 500 – 600 Schritt oberhalb der Brücke besetzten, konnten glücklicher Weise 2 der Brander aufhalten. Einer von beiden explodierte, ohne weiteren Schaden anzurichten. Alle Anstrengungen der Pontonniere konnten aber nicht verhindern, dass 3 der Brander in das Tauwerk kamen, mehrere Taue zerrissen und so die Brücke sprengten. Eines der durch die Brücke gegangenen Schiffe explodierte unterhalb der Brücke. Der an der Brücke entstandene Schaden erwies sich als gering, da keiner der Pontons beschädigt war.

Im Laufe des Nachmittags war der an der Brücke entstandene Schaden wieder ausgebessert und gleichzeitig ging man mit dem Eintreffen der frz. und sächs. Pontonniere daran, weitere Sicherheitsmaßregeln für die Brücke zu treffen. Über die Elbe wurde zunächst eine Kette und ein Tau gespannt, später wurde auch eine Verpfählung quer über den Fluss gelegt.

Den 21.09. gegen 23 Uhr kam ein neuer Brander geschwommen, der aber von dem wachhabenden Pontonier Kliemann entdeckt wurde. Dieser fuhr sogleich mit zwei Schiffern darauf zu, sprang auf das Brandschiff, ließ den Anker daran festbinden und auswerfen. Während dieser Arbeiten durchsuchte er selbst das Schiff und entdeckte in der Nähe der Kajüte aufsteigenden Rauch. Da der ausgeworfene Anker nicht Grund fasste, begab er sich zu den Schiffern und ließ den Anker heben und erneut auswerfen. Währenddessen explodierten die in der Kajüte verborgenen Granaten und rissen diese ab.

Glücklicher Weise zündeten sie weder das auf dem Kahn befindliche Pulver nach die anderen Brennmaterialen. Der Anker fasste inzwischen und das Brandschiff lag fest.

Um noch mehr Übergangspunkte über die Elbe zu haben, wurde der Bau einer neuen Brücke bei Pillnitz befohlen und der Bau den sächsischen Pontonnieren übertragen. Zu diesem Zweck rückten am 24.09. 1 Korporal und 12 Mann mit 18 hölzernen Pontons nach Söbrigen bei Pillnitz. Der Brückenbau begann am Mittag und war am Abend vollendet; eingebaut waren 18 Pontons und 8 beigetriebene Zollkähne. Am 25.09. kehrte das Kommando zur Kompanie zurück.

Am 06.10. fasste Napoleon den Entschluss, Dresden und die Elbelinie aufzugeben. Die bei Pillnitz befindliche Brücke wurde am 07.10. von den Franzosen abgebrochen und nach Dresden geschafft. Hier wurde sie unter Zuhilfenahme von Elbfahrzeugen am Ostraholzhofe wieder eingebaut.

Am 06.10. um 18 Uhr erhielt Kpt. Kühnel in Königstein vom frz. Artillerie-OSL Charpentier den Befehl, alle nicht bei der Brücke gebrauchten Fahrzeuge nach Dresden schaffen zu lassen und deshalb dieselben jederzeit marschfertig zu halten. Am 07.10 gingen daher 5 Kähne gegen 9 Uhr, besetzt mit 1 Korporal und 5 Mann, nach Pirna ab; bis Wehlen begleiteten sie auf dem Landweg 200 Mann Grenadiere mit 2 Kanonen. Unterwegs wurden sie häufig von auf dem rechten Elbufer streifenden österreichischen Jägern beschossen. Jedoch gelangte der Transport am Abend glücklich nach Pirna, wo die Schiffe sofort mit Kranken und Verwundeten beladen wurden. Die in Aussicht genommene Weiterfahrt nach Dresden wurde aber auf den nächsten Morgen verschoben, da der Kommandeur der dort befindlichen frz. Pontonniere den Befehl gab, mit der Abfahrt so lange zu warten, bis der Kpt. Kühnel mit der Schiffsbrücke von Königstein her eingetroffen sei.

Am Abend des 07.10. erhielt Kpt. Kühnel den weiteren Auftrag, alle Anstalten zu treffen, um die Brücke auf den ersten Befehl sofort abbrechen und nach Dresden schaffen zu können. Den 08.10. früh 3 Uhr hatten das Geschütz und die Truppen die Brücke überschritten. Das Einziehen der Vorposten nahm 1 Stunde in Anspruch, wodurch der Abbruch der Brücke verzögert wurde. Der OSDL Charpentier befahl vor seinem Abgange möglichste Eile und versicherte, dass ein Bataillon Jäger als Bedeckung des Transportes befehligt sei. Nachdem die in der Brücke eingebaute Fähre und 2 Kähne abgebrochen und erstere versenkt war, dauerte der Abbruch der Brücke noch 1 ½ h, da nur 32 Pontonniere vorhanden waren. Sämtliche Fahrzeuge wurden in 2 große und 1 kleine Maschine zusammengebaut und dieselben mit Stroh, Pech und anderen brennbaren Stoffen gefüllt, um dieselben notfalls bei einem österreichischen Angriff verbrennen zu können.

Es hatte die ganze Nacht geregnet und der Wind war sehr heftig. Erst gg. 9 Uhr legte er sich, so dass der Transport abfahren konnte. Kpt. Kühnel ermahnte die Pontonniere ihre Posten nicht zu verlassen, wenn auch die feindlichen Kugeln die Maschinen erreichen sollten. Er gab Lunten und Anzündebrändchen aus mit der Anweisung, die Maschinen anzubrennen, wenn solche nicht zu retten wären. Kpt. Kühnel befand sich auf der ersten Maschine. Der Gegenwind warf die Maschinen bei jeder Biegung hin und her und als sie um die letzte Ecke von Rathen steuerten, wurden sie vom Ufer aus beschossen. Von einer Bedeckung des Transportes war nichts zu sehen. Jetzt wollte es das Unglück, dass die vorderste Maschine auf einen Stein auffuhr und sitzen blieb. Kpt. Kühnel nahm eine Lunte und ein Brändchen und ging in ein Ponton, der Sergeant tat ein gleiches. Als die Kugeln der Österreicher immer dichter auf der Maschine einschlugen, sprangen die Pontonniere von Steuern und Rudern auf und flüchteten sich durchs Wasser auf das linke Ufer. Der Kpt. Kühnel, der Sergeant und 1 Mann blieben allein zurück. Die Bemühungen, das in den Pontons befindliche und durch den Regen völlig durchnässte Stroh zum Brennen zu bringen waren vergeblich. Unterdessen kamen 8 österreichische Jäger in einer Schaluppe herüber gefahren. Als sie bis auf 20 Schritt heran waren, gaben sie Feuer, wodurch der Kpt. Kühnel einen Streifschuss an der Hand erhielt. Er wurde mit den beiden Anderen gefangen genommen[26] und noch am selben Tag nach Stolpen geschafft. Die zweite Maschine war ebenfalls von den Mannschaften verlassen worden und trieben steuerlos weiter, bis sie bei Wehlen von dem österreichischen Posten aufgefangen wurde. Auf diese Weise gingen 19 hölzerne und 1 Schaluppe, die die Österreicher auf der Stelle zerschlugen, nebst zugehörigem Gerät und Handwerkszeug verloren.

Ein entkommener Unteroffizier brachte die Nachricht von der Gefangennahme des Transportes nach Pirna. Die dort befindlichen Pontonniere fassten sofort den Entschluss sich zu verkleiden und zu verbergen, damit sie nicht von den noch in Pirna befindlichen zwei frz. Pontonnier-Kompanien mit fortgeschleppt würden. Pirna wurde am Abend von den Franzosen geräumt. Die sächsischen Pontonniere waren den Nachsuchungen ihrer frz. Kampfgenossen entgangen. Zwei Tage später verließen sie als Schiffer verkleidet und mit Pässen versehen Pirna und schlossen sich in Torgau dem Depot der Sappeurkompanie an.

Dresden wurde mit den Truppen des Marschalls St.Cyr seinem Schicksal überlassen und kapitulierte am 11.11.1813, nachdem die sächsischen Militärs am 01.11. aus der Festung entlassen worden waren.

3.3.3 Bei der Berliner Armee und die Schlacht bei Leipzig

Den eifrigen Bemühungen des Generals von LeCoq war es gelungen, wieder zwei Divisionen (die 24. und 25. im VII.AK) ins Feld zu stellen.

Dem Stab der 24. Division war wiederum der Ing.-Kpt. Oberreit als Adjoint zugeteilt. Bei der Sappeurkompanie standen Kpt. Clauß, Pltn. Günther, Sltn. Wiedermann und Buschbeck. Der Sollstand der Kompanie sollte ohne Offiziere 80 Mann betragen, erreichte aber in Wirklichkeit nie ganz diese Höhe.

Das VII.AK gehörte zur „Berliner Armee", die auf dem Vormarsch dorthin in die ebene, von Wäldern bedeckte und von Brüchen und sumpfigen Gräben durchschnittene Gegend der Mark kam. Die umfangreichen Wegebesserungen, welche infolge dessen notwendig waren, bedingten die ständige Zuteilung der Sappeure zur Avantgarde. Bei Großbeeren am 23.08. heftig angegriffen, wurde die Armee zum Rückzug gezwungen; auch ein abermaliger Vormarsch fand ein frühzeitiges Ende in der Schlacht bei Dennewitz am 06.09., so dass das VII.AK zur Neuformierung nach Torgau zurückgehen musste. Die Verluste waren immens, auch die Sappeure hatten gelitten; bei Großbeeren verloren sie 1 Mann tot und 1 Mann vermisst; in den Tagen vom 05.-08.09. wurden 3 Mann verwundet und 4 Mann vermisst. Kpt. Oberreit wurde bei Dennewitz schwer verwundet.

Die sächsischen Truppen wurden infolge dessen am 21.09. in 1 Division formiert. Am Tage der Umformung bestand das Sappeurdetachement noch aus 4 Offizieren und 64 Mann; indessen verminderte sich die Stärke von Tag zu Tag, so dass die Ausrückstärke am 17.10. nur noch 3 Offiziere und 42 Mann betrug.

---

[26] Weder Verwundung noch Gefangenschaft können lange und ernsthaft gewesen sein, da die Monatsliste vom 30.10.1813 den Kpt.Kühmel in keiner dieser Rubriken ausweist.

Am 26.09.setzte sich das VII.AK gegen Dessau in Bewegung. Bei der vorsichtigen Annäherung an diese Stadt verließen die Kosaken selbige, nachdem sie die Brücken bei Pöllnitz und Jonitz in Brand gesteckt und die in der Stadt befindliche abgedeckt hatten. Dessau wurde besetzt, die Brücken von den Sappeuren wieder hergestellt und die Stadt in Verteidigungszustand gesetzt, so dass die späteren Angriffe des Feindes scheiterten.

Ney beschloss für den 29.09. den Angriff auf die linke Seite des Brückenkopfes Roßlau vom Jonitzer Forst aus. Die Sachsen hatten dabei den linken Flügel. Die vorderen Truppen befanden sich auf 1.000 – 1.200 Schritt Entfernung im wirksamen feindlichen Kanonenfeuer des Brückenkopfes und es war daher notwendig zu ihrer Deckung leichte Werke anzulegen. Diese Arbeit musste besonders bei Nacht tätig fortgeführt werden. Es wurden Laufgräben vor dem Brückenkopf eröffnet und Batterien aufgeworfen. Die wichtigsten Punkte von Dessau wurden befestigt, so dass die Stadt gegen einen Handstreich gesichert war und eine Art Brückenkopf bildete. Vorbereitungen zu einer Brücke waren getroffen, um die Truppen zur gegenseitigen Unterstützung rasch von einem Ufer auf das andere werfen zu können. Den Sappeuren waren zu diesen Arbeiten täglich 300 Mann zur Verfügung gestellt worden.

Der Übergang der schlesischen Armee bei Wartenburg am 03.10. hatte die Aufgabe der Stellung bei Dessau und den Rückzug auf das linke Ufer der Mulde zur Folge. Alle über den Fluß führenden Brücken wurden zerstört und das Material zum Brückenschlagen dem Bereiche des Feindes durch die Sappeure entzogen.

Im Laufe des 17.10. waren auch die Sachsen vor Leipzig eingetroffen. Am Morgen des 18.10. wurden sie am „Heiteren Blick" an der Eilenburger Straße versammelt, um sie wahrscheinlich auf Veranlassung Reyniers nach Torgau abgehen zu lassen. Ein Durchkommen nach Torgau war aber zu diesem Zeitpunkt nicht mehr möglich. Gegen 14:00 Uhr standen die Sachsen in der Gegend von Stünz und Sellerhausen. Die Sappeure waren beauftragt einen Weg über den Rietzschkebach und die nassen Wiesen von Crottendorf herzustellen, um den Sachsen die Möglichkeit zu gewähren, sich ehrenvoll aus dem Kampf zurückzuziehen, weil Reynier den Verlust der Schlacht für entschieden hielt.

Gegen 15:00 Uhr ging die sächsische Division zum Feind über. Der den Übergang missbilligende kommandierende General Zeschau konnte nur einen Teil der Bataillone Friedrich und Anton zum Stehen und zur Umkehr bringen. Mit diesen Resten nahm er eine Stellung hinter der Rietzschke nahe der Sellerhäuser Gärten. Auch stießen die Sappeure hier wieder zu Zeschau. Die schwachen Reste, in Summe 710 Mann, führte Zeschau später nach dem Grimmaer Tor vor Leipzig zurück.

Hptm. Clauß von den Sappeuren hatte eine starke Kontusion am linken Knie durch eine Kartätschkugel erhalten und wurde in der Schlacht gefangen genommen.

3.4 Nach der Schlacht von Leipzig bis Ende 1813

Nach dem Übergang zu den Verbündeten kamen die Ingenieur-Offiziere Oberst LeCoq sowie die Leutnants Schmidt, Horrer, Heckel und LeCoq zur Belagerung von Torgau. Das Sappeur-Detachement unter dem Hptm Clauß und den Leutnants Wiedemann und Buschbeck stieß auf Befehl des Kronprinzen von Schweden zur Nordarmee und machte den Feldzug gegen die Dänen mit.

Über die Verwendung des Ingenieur-Korps mit den Sappeuren und Pontonnieren bestimmte eine Ordre des ehemals sächsischen und nun russischen Generalleutnants Thielmann vom 23.11.1813 folgendes:

Oberst LeCoq	Kommandant, steht beim Belagerungs-Korps zu Torgau
Major Berggold	führt die Militär-Baudirektion in Dresden
Major Töpel	führt dieselbe in Torgau, sobald dieses den sächs. Behörden überlassen wird
Major Rouvroy	ist Depot-Kommandant in Dresden
Major Damm	übernimmt einstweilen die Direktion der Ingenieur-Akademie
Kpt. Clauß	der sich bereits bei der Armee des Kronprinzen befindet, kommandiert ins Künftige das mobile Detachement
Kpt. Geise	der sich in russischer Gefangenschaft befindet, ins Depot
Kpt. Ulrich	zum Depot
Pltn. Ehrhardt	dermalen in russischer Gefangenschaft, zum Depot
Pltn. Günther	dermalen in Merseburg beim mobilen Korps, wird einstweilen als Mathematikus zur Akademie versetzt
Pltn. Plödterl	beim mobilen Korps, einstweilen Kommandant des Ing.-Det.
Pltn. Roch	beim mobilen Korps
Pltn. Haarenberg	beim Depot
Pltn. Wiedemann	beim mobilen Korps
Pltn. Buschbeck	beim mobilen Korps
Pltn. Bärend	beim Depot
Sltn. LeCoq	in Torgau, übernimmt einstweilen den Posten eines Architekten bei der Akademie

Sltn. Heckel, Horrer, v.Brauchitzsch, Schmidt, Lehmann, Rhaesa, Knöbel und Töpel alle beim Depot

Trancheesergeant von Löben wird als Junker bei der Kavallerie eingestellt.

Der auf dem Königstein angestellte Mjr. Spieß verbleibt in seiner Funktion.

Über die à la suite befindlichen Offiziere wird das Gouvernement entscheiden.

OSL Fleischer ist der eingegangenen Meldung nach von Dresden abwesend.

Kpt. Törmer bleibt in seiner Funktion als Zeichenmeister bei der Akademie.

Pontonnier-Kompagnie

OSL	Hoyer	
Kpt.	Kühnel	beide beim Depot in Dresden

Von den Unteroffizieren und Mannschaften der Sappeur- und Pontonnierkompagnie machen

1 Sappeursergeant, 1 Pontonnier-Sergeant, 1 Mineurmeister, 1 Chirurgus, 1 Brücken-Schreiber, 1 Pontonierkorporal, 15 Obersappeurs, 60 Untersappeurs, 20 Pontonniers, 2 Tambours

den mobilen Etat aus, alle übrigen werden beim Depot geführt und bleiben zum Ersatz und Dienst im Lande.

Da der Etat der beim mobilen Korps nötigen Ingenieuroffiziere im Verhältnis zur Truppe nicht stärker genommen werden konnte, die Beschäftigung im Lande aber in diesem Zeitpunkt nicht alle Offiziere in Anspruch nimmt, so steht es den übrigen frei, sich durch irgend eine zu erlangende Anstellung bei den Freiwilligen unter dem Generalmjr. von Carlowitz oder bei der Landwehr bei dem Generalmjr. von Vieth nützlich zu machen und dadurch ihren Eifer für die deutsche Sache thätig zu beweisen, was jedoch in Rücksicht auf die Eleven erst mit besonderer Genehmigung der Akademie-Direktion geschehen darf."

Infolge der Abwesenheit eines Teiles der Sappeurkompagnie in Holstein konnte die in der Ordre bestimmte Stärke des Detachements nicht erreicht werden. Es betrug der Bestand desselben bis Mitte März 1814 nur 2 Offiziere (Leutnants Roch und Bärend). Der Pltn. Plödterl, welcher zum Kommandeur des Detachements ursprünglich designiert war, wurde am 26.12.1813 unter Beförderung zum Hauptmann in den Generalstab des mobilen Korps versetzt.

4.   Uniformierung und Ausrüstung

4.1   Uniformierung

Die Stamm- und Rangliste von 1812[27] gibt zur Uniformierung:

Das ganze Korps dunkelgrüne Röcke mit roten Kragen und Aufschlägen zum Übereinanderknöpfen mit verkürzten, aufgehakten Schößen, grünen Gilets und Unterfutter, rot vorgestoßen; weiße Knöpfe; Tschakos mit messingem Schild und Bataillenbändern, die der Unteroffiziere mit einer silbernen Tresse besetzt, rotem Kordon, Agraffe, Feldzeichen und schwarzem Federstutz; hiernächst graue Kapots.

Bei der Sappeur-Kompanie ist der Kragen mit einer weißen Borde und zwei dergleichen Litzen besetzt; sie haben lange grautuchene Beinkleider, rot vorgestoßen; schwarze Gamaschen; das Schild des Tschakos bezeichnet Hacke und Schaufel. Die Trenchee-Sergeanten tragen den Rock mit verlängerten Schößen, auf dem Kragen eine silberne Tresse und 2 dergleichen Litzen; Hüte mit silbernen Agraffen und Stiefel mit Sporen.

Bei der Pontonier-Kompanie werden grautuchene Pantalons mit rotem Vorstoß, kurze Stiefel oder sogenannte Züschen getragen[28]. Lederzeug wie die Fußartillerie.

Eine Ordre des Generalleutnants Thielmann vom 07.03.1813 (eingegangen beim Korps in Torgau am 14.03.) erlaubt dem Pontonier-Sergeanten das Tragen derselben Montur, wie solche dem Sappeur-Sergeanten vorgeschrieben ist.

---

[27] Der Text ist in den Listen 1812-1813 gleich, 1815 wird der Federstutz der Offiziere weiß und der der Mannschaft erhält eine grüne Füllung. Die Offiziere bekommen Interimsröcke.

[28] Die Sappeure scheinen mit neuen Hose und Schuhen nach Rußland ausmarschiert zu sein, die Pontoniere dagegen nicht. So schreibt Pltn. Brück an Kpt. Kühnel am 28.02.1812 aus Guben: „... daß die 3 Mann ..mit..22pr.Tuchhosen 22pr.Stiefeln in 3 Fäßern.." eingetroffen sind. Weiter berichtet er, dass er „...auf hohen Befehl habe Mantelpackriemen auf die Tornister machen lassen müssen..". Er bittet auch um baldigste Auszahlung der Löhnung „...da sämtl. Mannschaft, weil sie gegen die Sappeurs mit ihren abgerissenen Hosen, zu viel abgestanden, sich sämtl. Tuchpantalons und Pon Pons für ihr Geld gegen Abzug haben machen laßen müssen.".
Die oben erwähnten nachgesandten Tuchhosen sollten zur Revue am 26.03. für einen Tag ausgegeben werden, wozu der Brückenschreiber die Leute in sein Quartier befahl. Bei der Anprobe stellte sich heraus, daß alle Hosen nicht nach der Norm gearbeitet, zu eng und vor allem zu kurz waren, so daß zwischen den Stiefeln und der Hose die Strümpfe hervorstanden.

Abb. 03 Uniformen des Ingenieur- und Pionierkorps – 1) Offizier, 2) Tranchee-Sergeant, 3) Sappeur, 4)Pontonnier (Baldauf/Anne S.K. Brown Military Collection)

Die Offiziere des Korps tragen diese Uniform mit roten Rabatten und weißen Unterkleidern, den Rock mit verlängerten, aufgehakten Schößen; schwarze Hüte mit silberner Agraffe und schwarzen Federstutz; Stiefeln mit Sporen; zum Interims-Adjustement grau melierte lange Beinkleider.[29].

---

[29] Bekannt sind als zeitgenössische Werke Sauerweid (Ingenieur und Sappeur), Opitz (dito) und Baldauf (siehe Abb. 02). Neuere Darstellungen gehen meist über Sauerweid nicht hinaus oder datieren zeitgenössische Quellen (die Zusammenlegung der Sappeure und Pontoniere erfolgte erst nach 1815) – wie evtl. Herr Dr.Bunde – falsch. So gibt dieser den Pontonieren den gleichen Rock wie den Sappeuren und steht damit im Widerspruch zu den Ausführungen in den Stamm- und

4.2   Ausrüstung

Die Bewaffnung der Pioniere bestand in Gewehr[30] mit Bajonett und Seitenwaffe.

Welches Gewehrmodel Verwendung fand, konnte nicht ermittelt werden. So zeichnet Baldauf eiserne Bünde (Altsuhler) und Sauerweid Röhrchen (Neusuhler).Eine Zuordnung über die dargestellte Länge der Waffe kann auch nicht erfolgen, da die 3 Modelle maximal 3 cm in der Länge differierten.

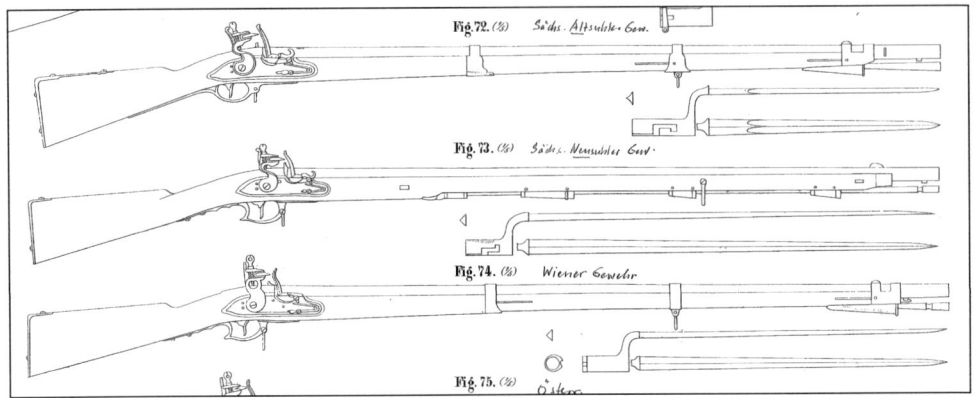

Abb. 04 sächsische Infanteriegewehre (Fig.72 Altsuhler /l=1,446m, m=5,04kg/ Fig.73 Neusuhler /l=1,465m, m=3,75kg/, Fig.74 Wiener /l=1,433m, m=4,05kg) [Schön]

Dafür geben alle bildlichen Darstellungen für die Sappeure einen Säbel mit einem Bügelkorb von Messing, wie er für die Linie so nur beim Grenadiersäbel M1730/42 Verwendung fand.

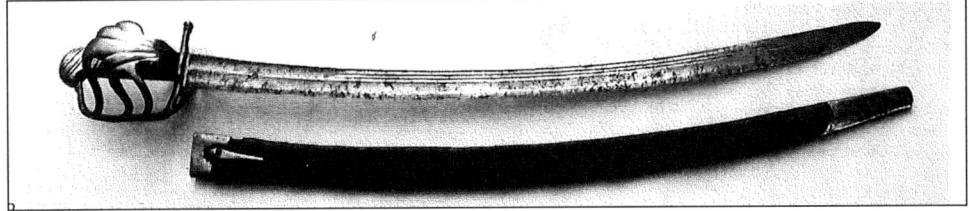

Abb. 05 Grenadiersäbel M1730/42 [Hilbert]

Die Pontoniere behielten das Faschinenmesser M1793[31] bei.

Ranglisten der Jahre 1810 – 1813 und 1815. Er gibt auch zwei Anker an das Tschakoschild der Pontoniere. Die zwei gekreuzten Anker auf dem Oberarm der Pontoniere können zwar aus Baldauf interpretiert werden, ein aktenmäßiger Beleg hat sich – wie auch für das Sappeurabzeichen – nicht finden lassen.

[30] An das Pontonierdetachement wurden 22 Dutzend (28.02.1812) und 51 Dutzend 4 Stück (02.03.1812), also insgesamt 770 Stck. Flintenpatronen ausgegeben.

[31] Am 03.04.1793 wurden die ersten 300 Stück bei den Firmen E.Kummer/Suhl und Ch.E.Gähler/ Dresden für die Artillerie in Auftrag gegeben. Die Waffe hat eine volle, keilförmige Klinge mit negativer Krümmung. Die eiserne Parierstange ist kantig und an den Enden abgerundet. Die eiserne Vollangel ist umlaufend sichtbar, mit glatten Messingschalen belegt und dreimal vernietet. Länge 63 cm, Klingenlänge 51 cm, Klingenbreite 3,5 – 4 cm, Gewicht rund 780 g (Bild und Angaben von Herrn H.-G.Hering/ Bielatal).

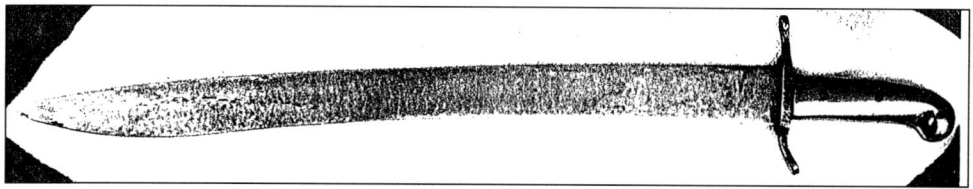

Abb. 06 Artillerie-Faschinenmesser M1793

4.3   Löhnung

Die Gehälter der Ingenieur-Offiziere betrugen monatlich

Oberst	250 Thlr.	Premier-Leutnant	40 Thlr.
Major	125 Thlr.	Sous-Leutnant	30 Thlr.
Kapitän	100 Thlr.	Tranchee-Sergeant	15 Thlr.

Die Löhnung bei der Sappeur-Kompanie betrug monatlich

Sergeant	15 Thlr.	Ober-Sappeur	10 Thlr.
Mineurmeister	15 Thlr.	Unter-Sappeur	5 Thlr.
Fourier	7 Thlr. 12 Gr.		

Die Pontoniere erhielten dagegen:

Oberst-Leutnant	52 Thlr.	Premier-Leutnant[32]	27 Thlr.
Brückenschreiber	8 Thlr. 12 Gr.	Korporal	5 Thlr. 12 Gr.
Sergeant	7 Thlr. 12 Gr.	Pontonier	3 Thlr. 12 Gr.
Chirurg	7 Thlr. 12 Gr.	Feldklempner	3 Thlr. 12 Gr.

4.4   Portionen und Rationen

Die tägliche Portion im Feld betrug rund:

876g (1 Pfund 28 Loth) Brot, 292g (20 Loth) Fleisch, 58g (4 Loth) Reis oder 117g (8 Loth) Hülsenfrüchte, 16g (1 1/15 Loth) Salz.

Dazu kamen – in Dresdner Maß - 1 Kanne Bier (0,94 l), 1/16 Kanne Branntwein (6 cl) und 1/20 Kanne Weinessig (5 cl).

Die Rationen[33] betrugen für die

Offizierspferde:	2 ¾ Metzen Hafer, 13 Pfund Heu und 8 Pfund Stroh
Unteroffizierspferde:	2 ¼ Metzen Hafer, 9 Pfund Heu und 8 Pfund Stroh
Zugpferde:	3 ⅔ Metzen Hafer; 9 Pfund Heu und 8 Pfund Stroh

---

[32] Die Aufstellung vom Pltn. abwärts ist einer Liste des Pltn. Brück vom Februar 1812 entnommen. In dieser wurden für die Unteroffz. und Mannschaften noch 6 Pf. Zulage und 1 Gr. Medizingeld monatlich ausgewiesen.

[33] Ab Anfang Mai wurde die Rationen für die Reitpferde auf 1,5 Metzen Hafer bzw. 1 Metze Korn, 6 Pfund heu und 6 Pfund Stroh sowie für die Zugpferde auf 2 Metzen Hafer oder 1 1/3 Metzen Korn, 8 Pfund Heu und 6 Pfund Stroh gekürzt.

5. Material

5.1 Maße

In Sachsen wurde die von Staats wegen auch im Postbereich eingesetzte Dresdner Elle zum Basismaß für die Artillerie und die technischen Truppen.

Die Elle(') hatte eine Länge von 56,6375 cm und war in 24 Zoll ('') unterteilt. Der Zoll hatte damit eine Länge von 2,3599 cm und wurde unterteilt in 8 Linien zu je 0,2950 cm.

Die Spur sämtlicher Militärfahrzeuge war auf 2 Ellen (1,13m) normiert, um die engen Wege im Erzgebirge passieren zu können. Einzige Ausnahme hiervon bildeten die Pontonwagen, deren Geleis ca. 1,55 – 1,60 m betrug. (Achslänge 3,5 Ellen = 1,98 m)

Das sächsische Pfund hatte 0,4672 kg.

Die beim Bau der Festung Torgau angewendeten frz. Maße waren die Toise mit einer Länge von 1,949 m und einer Unterteilung in 6 frz. Fuß zu je 0,3248 m.

Der für die hölzernen Pontons verwendete rheinländische Fuß war 0,3138535 m und unterteilt in 12 Zoll, der Zoll zu 2,61545 cm.

5.2 Die Kolonnen-oder Bockbrücke

Die Kolonnenbrücke, welche dem sächsischen Korps nach Russland mitgegeben, bestand aus folgendem[34]:

7 Böcke zu je 1 Bockholz und 5 Füßen[35] mit 14 eisernen Haken und 28 dazu gehörenden Haspen

28 Balken 16 Ellen lang, 6 Zoll breit und 7 Zoll hoch

50 Rödelstränge	2 Faß eiserne Klammern
120 Brettern[36]	2 Faß Brettnägel
2 Schwellen zu 8 Ellen Länge	2 Schnurstangen
7 dergl. Latten zu 8 Ellen Länge	2 eichne Ruder
40 Brückenpfähle	1 Schaluppe

Dazu kam an Werkzeug und Zubehör

1 Seiteleine	4 Radehauen
4 Bleischlägel	4 Schaufeln
4 Zimmeräxte	2 Schiffbauerhauen
4 Beile	2 Spaileisen
1 Zimmersäge	100 Senkelnägel
2 Handsägen	1 Vorrats-Hinterrad
2 Hämmer	1 Vorrats-Vorderrad
2 Zangen	1 Vorrats-Achse

---

[34] Angaben gemäß des von OSL Haußmann ausgestellten Lieferscheines vom 10.02.1812

[35] Durch ein 15 – 16' langes, 8'' hohes, 11'' breites Balkenstück werden in der Mitte und an beiden Enden 3 Löcher für die Zapfen der Beine geschlagen, 7'' lang und 6'' breit, welches auch das Maß der Zapfen ist, jedoch bekommen die schrägen der Endbeine nur 3'' Breite. Dioe beine selbst haben 5 und 4'' bis 8 und 10'' im Geviert, nach Verhältnis der Höhe des Bockes…Die doppelten Füße hinten und vorn (werden) durch 4'' breite Riegel zusammengehalten (Hoyer 1834)

[36] Allem Anschein nach die normalen Pontonbrückenbretter

2 Nagelbohrer   1 Stichlitz

1 mit Eisen beschlagener Werkzeugkasten mit Schloß und Schlüssel

Dies alles war auf 4 Pontonwagen geladen. An jedem Wagen befanden sich zur Befestigung der Gerätschaften noch 4 Rödeltaue.

Auf einem besonderen Leiterwagen wurden noch 1 Wagenwinde, 16 eiserne Anker und 16 Ankertaue mitgeführt.

Diese Brücke schien wenig transportfähig gewesen zu sein, da der Pltn. Brück in einem Vortrag an den Oberst Langenau eine viel leichtere Beladung und eine Einkürzung der Streckbalken vorschlägt(sh. Anlage 03). Diese Vorschläge scheinen teilweise zur Ausführung gelangt zu sein, da im Einlagerungsprotokoll vom März 1812[37] folgende Materialen aufgeführt werden:

7 Böcke (à 1 Bockholz, 5 Füße, 14 eiserne Hacken, 28 Haspen und in Summe 142 eiserne Schürhaken)   1 Schwelle

23 Balken incl. 2 def(ecte). zu 16 Ellen   5 Latten

4 kurze Balken zu 8 Ellen   12 Stck. Bockbeine von 1 - 2 Ellen

Die restlichen Materialien sind wohl mit den nachgeholten Pontons nach Russland gegangen.

5.3   Pontonmaterial

5.3.1   Die blechernen oder gedeckten Pontons

Bei der chur- und später kgl. sächsischen Armee wurden seit 1769 gedeckte Pontons von Eisenblech nach der Hoyer'schen Fasson verwendet. Die Spannung zwischen den blechernen Pontons betrug 6 Ellen.

Die gedeckten Pontons von Eisenblech sind nichts anderes als ein überall zugemachter blecherner Kasten, der die Form eines Schiffes hat und oben mit einem breiten Rand versehen ist. Dieser erhöhte Rand ist von doppeltem Eisenblech, inwendig hohl, und hat auf jeder Seite 5 Einschnitte (a), die die doppelte Breite der Streckbalken zur Länge haben und auf beiden Seiten mit Haken versehen sind, um die Schnürleinen daran hängen zu können.

Rings um den Ponton laufen zwei Latten. Diese vermehren nicht nur das Tragvermögen, sondern dienen mit den drei Bodenlatten zum Schutz des Pontons gegen äußere Beschädigung beim Abladen usw.

Der ganze Kasten ist der Breite nach in 5 Reihen Fächer (x) geteilt, deren Unterteilungsbleche am Boden angelötet, oben aber mit einem Ausschnitte versehen sind und deren Decke auf den Mitte jeder Reihe Fächer sich ein wenig erhebt, damit das eingedrungene Wasser in dieser Art von Rinne durch die (mit Deckeln versehenen) Röhren ausfließen kann, wenn der Ponton umgedreht und vorn etwas höher gelegt wird als hinten.

In dem Rand befinden sich seitlich, hinten und vorn Kapseln (w+v), wo hinein die Strudelhölzer (3 Zoll starke, unten viereckige und oben runde Handspeichen) gesteckt

---

[37] „Specification desjenigen Apparats so von der Colonnen Brücke hier verblieben" vom 28.03.1812, womit der Stadtwachtmeister Johann Samuel Fischer die Übernahme zur Aufbewahrung durch den Magistrat der Stadt Guben bestätigt.

werden, um die Ankertaue und die Seitenleinen der Brücke daran festlegen zu können. Da alle diese Kapseln in den Ponton hineingehen, sind sie mit Deckeln versehen, die am Heck (w) jedoch ausgenommen, da diese durch den Ponton durchgeht und zugleich zur Befestigung des Pontons auf dem Wagen dient.

Durch eine runde Röhre (y), die vorn durch den Ponton geht und am Boden offen ist, kann ein Staken gesteckt werden, um den Ponton auf nicht all zu tiefen Strömen so lange festzuhalten, bis der Anker geworfen wurde.

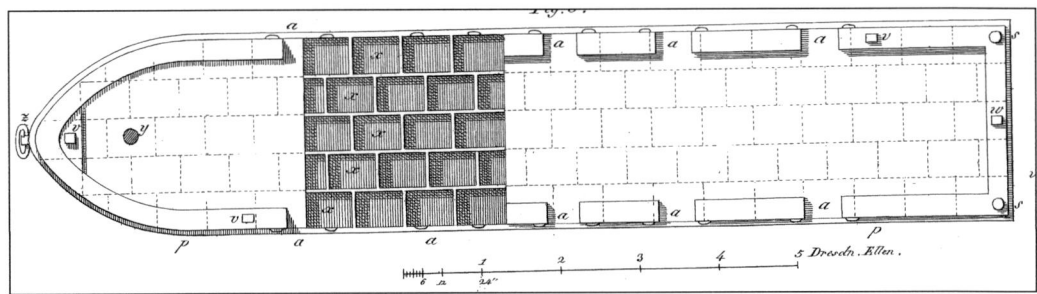

Abb. 07 Draufsicht und Teilschnitt (Ausfachung) gedeckter Ponton (Hoyer 1830)

In den Seiten befinden sich Löcher zum Durchstecken von Hebebäumen, um den Ponton über kurze Strecken bequemer tragen zu können.

Die Spitze des Pontons wird von einem hölzernen Keil, an dem sich ein eiserner Ring zur Befestigung des Pontons auf dem Wagen befindet, gebildet.

Bezeichnung	Abb/Fig	Strecke	Fuß	Zoll	m
Gesamtlänge oben	07/14	AB	24	3,25	6,87
Gesamtlänge unten	07/14	EG	22	7,25	6,40
Erhebung im Boden	07/14	FG	3	2	0,90
Höhe der Erhebung				9	0,21
Schräge vorn+hinten	07/14	DE+GH		10	0,24
Höhe des Kastens m.Rand			2	5	0,68
Höhe des Kastens o.Rand			1	11	0,54
Breite oben			4	6	1,27
Breite unten			3	10	1,09
Rand ist hoch				5,75	0,14
Rand ist breit				5	0,12
Einschnitte sind breit					
1.Leiste von unten nach				10	0,24
2.Leiste von unten nach				20	0,47
Leisten sind breit				2	0,05
Leisten sind hoch				0,5	0,01
Hölzerner Keil (Spitze)				5	0,12

Tab.01   Maße der gedeckten Pontons

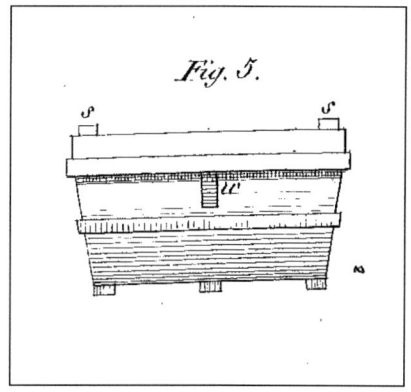

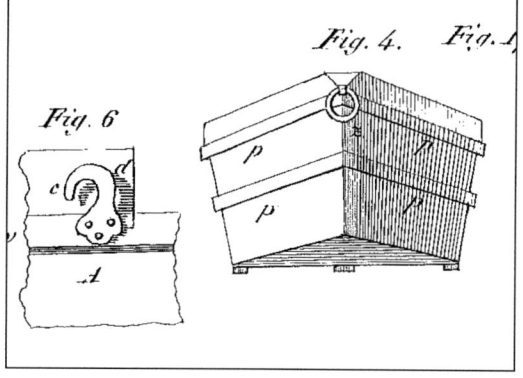

Abb. 08 Detailansicht Heck
(Hoyer 1830)

Abb.09   Detailansichten Bug (Fig. 4.) und
          Schnürhaken (Fig. 6)

Die Pontons waren mit roter Farbe (4 Pfund roter Bolus auf 4 Kannen Leinölfirniß)[38] gestrichen. Sie waren beidseitig am Bug und am hinten am Heck mit der Nummer des Pontons (No.x) beschriftet.

Ein Ponton wog 880 Pfund (411 kg).

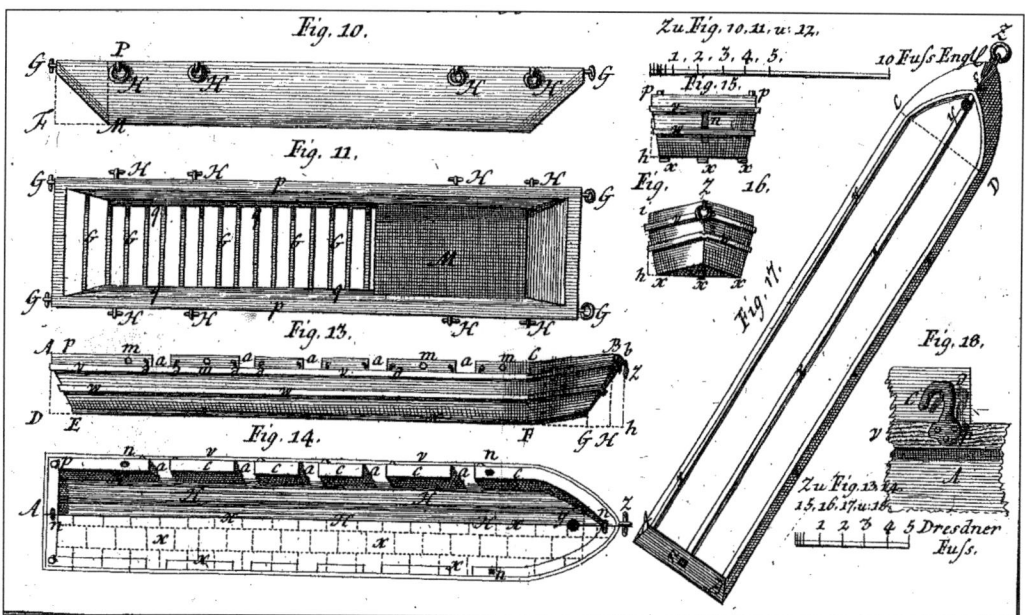

Abb. 10 gedeckter Ponton (Fig.13 Seitenansicht, Fig.14 Draufsicht und Teilschnitt Ausfachung, Fig.15 Heckansicht, Fig.16 Bugansicht, Fig.17 Bodenansicht, Fig.18 Detail Schnürhaken / die Fig.10 + 11 zeigen einen preußischen Ponton von Eisenblech) (Hoyer 1793)

---

[38] Hoyer (1793) schlägt, da die rote Farbe nicht dauerhaft genug erscheint, den Anstrich mit Teerfarbe vor. Die damit verbundene schwarze Farbe erscheint ihm aufgrund der schwarzen Lafetten der sächsischen Artillerie durchaus angebracht. Ob dieser Vorschlag zur Ausführung gelangte, ist bisher nicht nachweisbar.

5.3.2   Die Wagen der blechernen Pontons und sonstige Brückenmaterialen

Die Wagen beschreibt Hoyer (1830) wie folgt:

Die Bauart des gedeckten Pontons erlaubt es, ihn mit dem Kiel nach unten auf den Wagen zu stellen, da das Regenwasser nicht in den geschlossenen Kasten dringen kann. Dadurch entfällt das Umwenden nach dem Herunterheben.

Der Wagen besteht aus 2 Tragebäumen, die unmittelbar auf der Hinterachsen ruhen, mit dem Vorderwagen aber mittels eines Schussnagels verbunden sind. Die Tragebäume sind durch 5 Riegel oder Schwingen verbunden.

Der Ponton selbst liegt auf 2 niedrigen Küpfstöcken, die oben ein wenig ausgehöhlt sind, um einen Strohwisch darauf binden zu können, damit der Boden des Pontons beim Transport nicht so leicht beschädigt wird. Zwei Rungen, in der Gegend des ersten und letzten Balkeneinschnittes dienen zur Befestigung des Pontons. An diesen befindet sich auf jeder Seite ein Ring, um die Spieltaue daran zu binden, die das Vor- und Zurückrutschen des Pontons beim Fahren verhindern.

Die Tragebäume werden unten mit hölzernen Klammern zusammengespannt, an denen sich bewegliche Rödeleisen E befinden, die zur noch besseren Befestigung des Pontons und seiner Gerätschaften verwendet werden. Der von der Hinterachse nach vorn gehende Langbaum reicht nicht ganz bis in das Vordergestell, damit das kurze Umlenken durch ihn nicht behindert wird[39]. Die 2 Pontonstafeln, deren Ausschnitte den sie tragenden Arbeitern zum Hineingreifen dienen, sollen die Seitenwände des Pontons gegen äußere Beschädigung schützen. Sie ruhen auf 6 zu beiden Seiten auf die Tragebäume gesetzten Fröschen oder Trageklötzern.

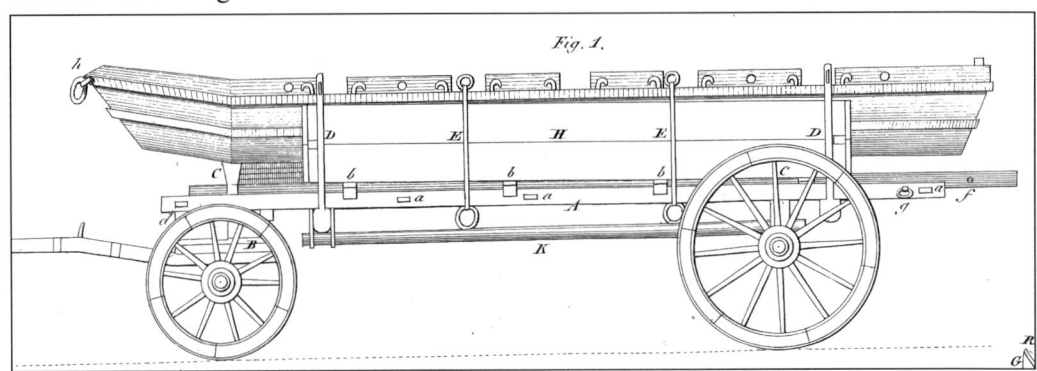

Abb. 11 Pontonwagen mit aufgeladenem Ponton (Hoyer 1830)

Die Entfernung der Tragebäume, zwischen denen die Balken auf den Schwingen liegen und vorn mittels eines durchgesteckten langen Schraubenbolzens festgehalten werden, ist 2 Fuß 11 Zoll Dresdner.

Auf die Balken werden die Bretter, 3 nebeneinander gelegt, so dass sie mit den Strohwischen auf den Küpfstöcken eine Fläche bilden. Der Ponton wird dann darauf geschoben, auf dessen Decke sich die Ankertaue und die anderen kleinen Brückengeräte befinden. Der fünfarmige Anker (Grappin) liegt oben auf dem Ponton, der durch ein unter die Arme des Ankers gelegtes Brett durch das Durchreiben geschützt ist.

Die Deichsel ist 5 Fuß 2 Zoll lang, das Vorderrad ist 4 ½ Fuß und das Hinterrad 6 Fuß hoch. Damit die an die Rungen des Wagens befestigten Rödeltaue die Decke des Pontons

---

[39] Hoyer fügt hier noch hinzu:"…er kann daher auch ohne Nachteil wegbleiben."

nicht abreiben, sind zwei Bretter (Rödelbretter) quer darunter gelegt. Auf diesen Brettern liegen auch die Ankertaue.

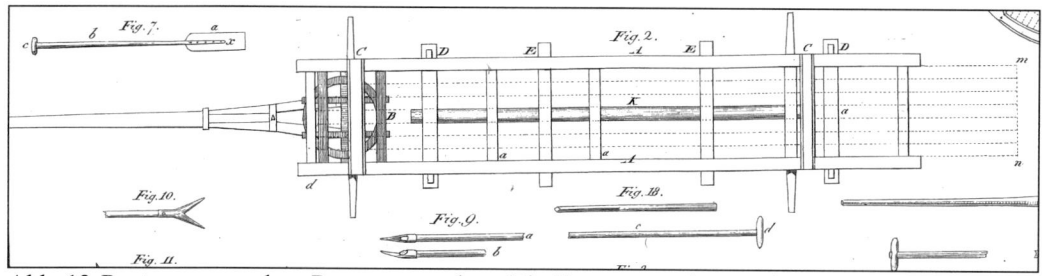

Abb. 12 Pontonwagen ohne Ponton von oben (Fig.2); gut zu erkennen ist das Kutschgestell und die Lage der Balken.

Auf jedem Wagen befanden sich:

7 Balken	(12 Ellen lang, 6 Zoll hoch und 5 Zoll breit)	6 Thlr.	gr.
2 Tafeln	(bestehen aus 2 Brettern und mit Hornleisten von Eiche)	1 "	16 "
12 Bretter	(7 ½ Ellen lang, 12 Zoll breit, 1 ¾ Zoll stark, an allen 4 Enden 31 Zoll lang und 1 Zoll tief eingeschnitten)	3 "	12 "
1 Anker		12 "	
1 kleiner Anker		8 "	
2 Ankertaue (35 Klafter lang)		46 "	16 "
1 Staken		10 "	
1 Boothaken		8 "	
2 Strudelhölzer		8 "	
1 langer eiserner Bolzen durch die Balken		15 "	
2 Spiel- oder Spanntaue		1 "	8 "
4 Rödeltaue		2 "	
2 Rödelbretter		4 "	
6 kleine Rödel oder Würgeprügel			6 "
12 Bindestricke von Werg			4 "
1 Gebund lang Stroh zu den Wischen			2 "
Kosten zusammen		83 Thlr 13 gr.	

Gewichte

Es wogen ungefähr (Hoyer 1793):

Die Balken und Bretter 1.390 Pfund		Die übrigen Gerätschaften	50 Pfund
Die beiden Anker	108 Pfund	Der Wagen	800 Pfund
Das Tauwerk	230 Pfund	Der Ponton	880 Pfund
		Ingesamt	3.458 Pfund

Bei einer Bespannung mit 4 Pferden hatte demnach jedes Pferd 864 Pfund zu ziehen[40], was in jeder Art von Terrain möglich sein sollte[41].

---

[40] Hoyer gibt 1830 davon differierende Maße und zwar für die Anker 68 Pfund, ihre Taue 130 Pfund, den Wagen 700 Pfund. Das daraus resultierende Gesamtgewicht belief sich dann auf 3.218 Pfund, so dass auf eines der 4 Zugpferde 804 Pfund entfielen.

Zur Unterbringung der blechernen Pontons wurde in den Jahren 1770 – 1780 auf den Mönchswiesen gegenüber der Brühlschen Terrasse 2 Schuppen mit einem Kostenaufwand von 32.000 Thalern erbaut.

5.3.3   Der Brückenschlag mit den blechernen Pontons

Die eigentliche Instruktion zum Brückenschlag ist als Anlage 02 beigefügt.

Der Brückenschlag erfolgte in Abhängigkeit der übergehenden Last so, dass der Balken entweder auf a) 2 oder b) 3 Pontons ruhte. Bei a) standen die Balken an den Enden jeweils 0,31 m über. Die lichte Weite zwischen den Pontons betrug 3,66m.[42] (siehe Abb. 15 / S.71). Bei b) lagen die Balken mittig auf dem mittleren Ponton und die Enden 0,31 m auf den äußeren Pontons auf. Die lichte Weite betrug hier 1,92 m. (siehe Abb. 01 / S.2)

Die Landstrecke wurde wie folgt hergestellt: Die ersten Balken am Ufer wurden mit den Enden auf ein horizontales Brett gelegt und an eine, mit eingeschlagenen Pfählen festgehaltene Schwelle gestützt. Die gegen den Strom gehenden Enden werden auf das erste Ponton aufgelegt, wenn das Wasser hier tief genug (rund 0,9 m) ist. Wenn das Wasser zu flach ist, kommen die Enden der Balken auf einen Bock oder einen Stapel Bretter von angemessener Höhe zu liegen, von wo aus dann die nächsten Balken zum ersten Ponton gehen. Die erste Balkenlage war in der Mitte nochmals zu unterstützen, damit sie unter dem Druck des Fuhrwesens nicht brach.

5.3.4   Die hölzernen Pontons

In den Jahren 1787/88 wurden 40 hölzerne Pontons erbaut. Die Spannung zwischen den hölzernen Pontons betrug 10 Ellen.

Hoyer gibt in seinem Werk von 1793 zu diesem Ponton folgendes[43] (hierzu Abb. 13):

Länge	28 Fuß	(AB Fig.1)	8,79 m
Breite vorn und hinten	2 Fuß 8,00 Zoll	(aa Fig.2)	0,84 m
Breite Mitte	5 Fuß 3,00 Zoll	(gg Fig.2)	1,65 m
Höhe Bordwand	2 Fuß 9,00 Zoll	(AB Fig.3)	0,86 m
	2 Fuß 4,50 Zoll	(fg Fig.1)	0,75 m
Stärke der Kiefernbohlen	1,25 Zoll		0,03 m

---

[41] Diese Aussage mochte für sächsische Straßen zutreffend sein, für den russischen Feldzug erwies sie sich als falsch, wie die Praxis leidvoll zeigte. In der Reparaturrechnung vom Juni 1812 ist die Anschaffung von 20 Stck. Sielen vermerkt. Ob diese nun für das Vorspannen requirierter Pferde oder Konis gedacht waren, hat sich nicht ermitteln lassen.

[42] Eine weitere Möglichkeit war, die Balken nur bei einem Ponton 0,31 m überschießen zu lassen und auf dem 2. Ponton nur 0,62 m aufzulegen. Dadurch vergößerte sich die lichte Weite zwischen den Pontons auf 4,65 m. Hoyer (1834) merkt aber an: „Man darf jedoch in diesem Falle die Truppen nur einzeln (kompagnieweise) und die Wagen mit 30 Schr. Entfernung hintereinander übergehen lassen. Es kommt nämlich bei so großem Abstande der…Pontons…in Anschlag, …das heftigere Schwanken der Brücke,…so daß die Übergehenden sich nur mit Mühe auf den Füßen erhalten können."

[43] Über die hölzernen Pontons hat sich bisher leider nichts in den Akten finden lassen. Hoyer merkt an, dass Pontons, die nur auf dem Wasser gefahren werden, 30-32 Fuß lang und 9 Fuß breit sein sollten. Da dies für die sächsischen Holzpontons zutrifft, kann nicht mit Sicherheit gesagt werden, ob die angegeben Maße wirklich denen der sächsischen Holzpontons entsprechen.

Die Bänke waren 2,5 Zoll (0,06m) hoch und 3 Zoll (0,08m) breit und standen untereinander 1 Fuß 9 Zoll (0,55 m lichte Weite) und von vorn (F + G Fig.2) 3 Fuß

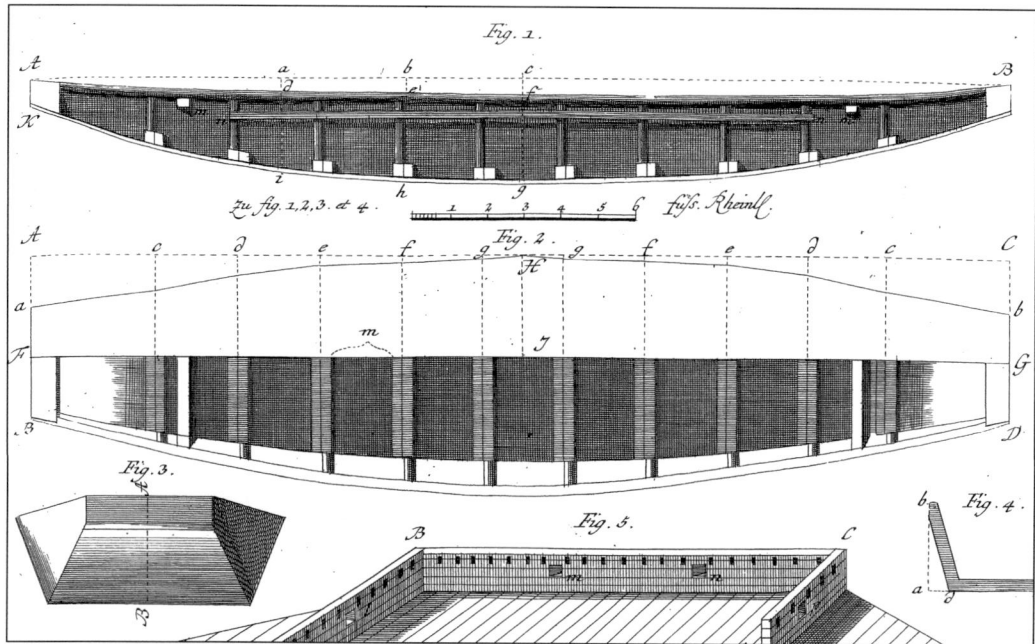

Abb. 13 Ansicht eines hölzernen Pontons nach Hoyer'scher Fasson (Hoyer 1793)

(0,94m) ab. Die Köpfe der Knie waren mit einer Leiste bedeckt, die den Streckbalken als Auflage diente.

Vorn und hinten befanden sich Dochte (m Fig.1) von Eiche oder Rüster, die zum Festlegen der Anker und zum Auseinanderspreizen der Bordwände dienten. Zwei an die Hörner genagelte Latten (n Fig.1) und 10 außerhalb in den Bord geschlagene Ringe dienten zum Festschnüren der Streckbalken.

Das Horn der Knie (Fig.4) hatte eine Neigung von 7 Zoll (ad Fig.4; 0,18m) an den beiden mittleren Knien, welche je weiteres Paar um 1 Zoll abnahm. Die Hörner der beiden mittleren Knie waren 2 Fuß 1 Zoll (0,65m) hoch.

Das Gesamtgewicht belief sich auf rund 1.200 Pfund

Ein solcher Ponton kostete 47 Thaler 12 Groschen[44].

Für die hölzernen Pontons wurde ein eigener Hafen angelegt. Sie waren nicht für den Feldeinsatz bestimmt und hatten daher keine Transportwagen, als die, die zum Wassern nötig waren.

---

[44] Der gesamte hölzerne Pontontrain war mit 4.389 Thalern und 18 Groschen veranschlagt.

6. Literaturverzeichnis

Aster Schilderung der Kriegsereignisse in und vor Dresden 07.03.-28.08.1813 – Dresden 1844

Baldauf Ingenieure und Pioniere / Anne S.K. Brown Military Collection, Brown University Library

Cerrini Die Feldzüge der Sachsen in den Jahren 1812 und 1813 – Dresden 1821

Exner Der Anteil der kgl. sächs. Armee am Feldzuge gegen Rußland 1812 – Leipzig 1896

Hansch Geschichte des Königl. Sächs. Ingenieur- und Pionier-Korps – Dresden 1898

Hilbert Blankwaffen aus drei Jahrhunderten – Berlin 1998

Hoyer Befestigungs-Kunst und Pionnier-Dienst / Zweite Abtheilung: Eigentlicher Pionnierdienst – Berlin 1834

Hoyer Versuch eines Handbuches der Pontonnier-Wissenschaften – Leipzig 1793

Hoyer Versuch eines Handbuches der Pontonnier-Wissenschaften – Leipzig 1830

Maße www.de.wikipedia.org/wiki/Alte_Maße_und_Gewichte_(Sachsen)
www.de.wikipedia.org/wiki/Alte_Maße_und_Gewichte_(Preußen)
www.de.wikipedia.org/wiki/Alte_Maße_und_Gewichte_(Frankreich)

Richter Der Königlich Sächsische Militär-St.Heinrichs-Orden 1736-1918 – Frankfurt 1964

Reinhold Die kurfürstlich-sächsische Armee um 1791 – Müller/Rother (Hrsg.) Berlin 1991

Sächsisches Hauptstaatsarchiv Dresden

11346 Pionier-und Pontonierkompanie No.1 Ordres etc. 1812
11346 Pionier-und Pontonierkompanie No.2 Ordres etc. 1812
11346 Pionier-und Pontonierkompanie No.3 Ordres etc. 1812
11346 Pionier-und Pontonierkompanie No.13 Bestand, Abgang, Reparatur Pontons
11346 Pionier-und Pontonierkompanie No.14 Rapports 1812
11373 Kartensammlung Sächs.Kriegsarchiv Fach 11 Nr.54 Rapportplan Torgau 1811

Schön Geschichte der Handfeuerwaffen – Dresden 1858

Schuster/Francke Geschichte der sächs. Armee – Leipzig 1885

Stamm- und Rangliste der Königl. Sächs. Armee auf das Jahr 1810 – Dresden 1810

Stamm- und Rangliste der Königl. Sächs. Armee auf das Jahr 1811 – Dresden 1811

Stamm- und Rangliste der Königl. Sächs. Armee auf das Jahr 1812 – Dresden 1812

Stamm- und Rangliste der Königl. Sächs. Armee auf das Jahr 1813 – Dresden 1813

Stamm- und Rangliste der Königl. Sächs. Armee auf das Jahr 1815 – Dresden 1815

Wächtler Die Königlich Sächsischen Mitglieder der Ehrenlegion – Chemnitz 2002

7. Anlagen

01	Liste der zwischen 1810 und 1813 dekorierten Offiziere und Unteroffiziere
02	Instruction zum Schlagen einer Pontonsbrücke mit blechernen Pontons
03	Vortrag des Pltn.Brück an den Obersten Langenau, 25.02.1812
04	Rapport des Pltn.Brück an den General LeCoq, 11.04.1812, Kalisch
05	Ordre des Generals LeCoq an Pltn. Brück, 19.04.1812
06	Ordre des Generals LeCoq an Pltn. Brück, 21.04.1812
07	Ordre des Generals LeCoq an Pltn. Brück, 23.04.1812
08	Ordre des Oberst Ryssel an den Pltn. Brück, 24.04.1812, Radom
09	Instruktion für den Pltn. Brück, 09.05.1812, Hauptquartier Radom
10	Rapport des Pltn. Brück an Gen.Ltn. Le Coq, 27.06.1812, Szepankowo
11	Rapport des Pltn. Brück an den Oberst Langenau, 03.07.1812
12	Rapport des Pltn. Brück an Oberst Langenau, 06.08.1812, Wolkowick
13	Meldung des Plt. Brück an Hptm. Damm, 09.08.1812, Swislotz
14	Anzeige des Kpt. Brück an den Intendanten v.Ryssel, 21.08.1812, Breczs
15	Pass des Kpt. Brück für den Pont.Corp. Bähr 1, 22.08.1812, Breczs
16	Ordre des Kpt. Brück an den Pont.Serg. Arldt, 14.09.1812, Tursky
17	Befehl des Generals Langenau an den Hptm. Brück, 21.10.1812, Skriszow
18	Befehl des Generals Langenau an den Hptm. Brück, 21.10.1812, Skriszow
19	Befehl des Generals Langenau an den Hptm. Brück, 31.10.1812, Zajenczize
20	Mitteilung des OSL Haußmann an den Hptm. Brück, 02.11.1812, Bransk
21	Befehl des Generals Langenau an den OSL Haussmann, 02.11.1812, Orla
22	Übergabe Pontons Nr.10 und 20 an die Behörden von Kniesno, 09.11.1812
23	Übergabe des Pontons Nr.18 an die Behörden von Woltiowice am 11.11.1812
24	Brief des Pltn. Weinholdt an Kpt. Brück zur Pontonreparatur, 21.11.1812
25	Übergabeprotokoll der in Warschau reparierten Pontons, 31.12.1812
26	Übernahmeprotokoll der in Warschau zu reparierenden Pontons, 31.12.1812
27	Offiziers-Rangliste 1810 - 1813
28	Namensliste des Pontonnierdetachements 1812/13
29	Liste der verstorbenen und invaliden Mannschaften 1812/13
30	Liste der zu Offizieren beförderten Mannschaften 1812/13

Anlage 01   **Liste der zwischen 1810 und 1813 dekorierten Offiziere und Unteroffiziere**

Militär St.Heinrichs-Orden

Plödterl, Johann Franz	Sltn.	beliehen am 03.12.1812 für Podobna und Wolkowysk
Aster, Ernst Ludwig	OSL	beliehen am 04.01.1813 für den Feldzug von 1812
LeCoq, Johann August	Oberst	beliehen am 15.09.1813 für Bautzen und Reichenbach
Oberreit, Jacob Andreas	Kpt.	beliehen am 15.09.1813 für Bautzen und Reichenbach
Ulrich, Johann Carl Anton	Kpt.	beliehen am 06.10.1813 für Groß Beeren und Dennewitz

Kreuz der Ehrenlegion[45]

Aster, Ernst Ludwig	OSL	No.33 701 beliehen am 30.12.1812
Kotte, Johann George[46]	Serg.	No.33 724 beliehen am 30.12.1812
Hussel, Carl Wilhelm	Korp.	No.36 047 beliehen am 14.06.1813
LeCoq, Johann August	Oberst	No.37 924 beliehen am 10.07.1813
Kühnel, Carl Gottlieb	Kpt.	No.41 158 beliehen am 26.09.1813
Ulrich, Johann Carl Anton	Kpt.	No. keine beliehen am 05.10.1813 (09.11.1817 nachgetragen)
Bärend, Jacob Clemens	Pltn.	No. keine beliehen am 05.10.1813 (09.11.1817 nachgetragen)
Clauß, Friedrich Benjamin	Kpt.	No.41 454 beliehen am 12.10.1813
Beck, Abraham Gottlieb	Sltn.	No.41 545 beliehen am 12.10.1813

---

[45] Die von Hansch noch angegebenen Ernennungen des Pltn. Plödterl (1812) und des Kpt. Oberreit (1813, Nachtrag 1819) finden bei Wächtler keine Bestätigung.
[46] Kotte war auch Träger der goldenen Verdienstmedaille

Anlage 02   **Instruction** - Wann die blechernen Pontons zu Schlagung einer Brücke und zwar auf Artillerie und Equipage in Marsch sind, was beyde Herrn Subaltern-Officiers dabey zu observiren und eingetheilet werden können

1 Pr.-Lt.: Derjenige Officier, so das Abladen derer Pontons und selbige in das Wasser zu lassen, erhält:

1 Unt.-Offic.	2 Unt.-Offic
12 Mann Pontonnier	24 Mann Arbeiter

1 Pont.-Unt.-Offic. welcher denen Leuthen die Anweisung giebt und commandiret.

4 Pontonnier, so die Pontons aufreedeln, und die daraufliegenden Requisiten herunter geben, auch nach Abladung des Pontons das Anker-Tau und das Gebund Bindestricke wiederum auf den Wagen legen. Diese 4 Pontonnier helffen nach Abladung aller Pontons die Reedelbalcken mit reedeln und die Seitenleinen ziehen.

4 Pontonnier, so die Pontons abladen und ins Wasser bringen, von selbigen steigen 2 Mann sogleich nach dem Aufreedeln forne auf den Wagen, heben den Ponton bey der Steve in die Höhe und schieben selbigen zurück, da sodann die 2 andern Pontonnier solchen auf die Schulter nehmen, so auch

12 derer Arbeiter desgleichen thun und an das Wasser bringen, zuerst daselbst in den Arm nehmen, auf die befindlichen Tafeln niederlassen und ins Wasser stoßen. Da sodann die übrigen

12 Arbeiter den andern Ponton abladen.

Es wird darauf beständig die Ruhe zu erhalten gesehen, und Alles Reden und Lärmen gänztlich zu vermeiden.

4 Pontonnier zum Einführen derer Pontons. Diese müssen zuvor die beiden Tafeln, um die Pontons einzulassen, ins Wasser gebracht haben; Solche haben auch bei dem Abladen die Staaken zu besorgen, daß solche bey denen Pontons bleiben.

Die Staaken legt man nicht auf die Pontons, sondern haben forne über der Steve ihren Ort.

Zu den Pontons tragen, werden die stärksten Arbeiter, und die an Größe einander gleich ausgesucht.

Sind sämmtliche Pontons nach dem Fluß hingetragen, sodann bringt eine Hälfte Balken und die andere Bretter und Tafeln auch dahin.

Der 2te Pontonnier-Officier erhält:

1 Unt.-Offic.	2 Unt.-Offic
12 Mann Pontonnier	26 Mann Arbeiter

Diese Mannschaft wird eingetheilet:

2 Pontonnier zu den Abladen der Balken und Bretter, wovon einer den Anker herunter nimmt und solchen an den ihm angewiesenen Ort nahe am Wasser trägt.

Der 2te nimmt nach Herausziehen des Poltzens das Anker-Tau und trägt solches ebenfalls zu dem Anker an das Wasser.

Während dieser Arbeit nehmen die Arbeiter die Bretter und Balkens von den Wagens; Wozu besonders Arbeiter commandirt sind, als:

1 Unt.-Offic. und 12 Mann, zum Bretter und Tafeln tragen, und

1 Unt.-Offic. und 12 Mann, zum Streck- und Reedel-Balken auch dahin zu bringen.

2 Arbeiter, die Tafeln von dem Ort, wo die Pontons abgeladen werden, abzuholen; denen Arbeitern muß Angewiesen werden, daß solche sowohl die Bretter als auch die Tafeln in die rechte Hand nehmen und auf der Brücke gegen der Steve der Pontons damit hingehen und so auf die Balken legen. Hierauf gehen sie auf der andern Seite Thalwärts der Brücke wieder zurück, um einander nicht hinderlich zu seyn.

Deßgl. gehen die Arbeiter mit denen Balken (wozu 2 Mann einen tragen) auf der Mitte der Brücke hin, geben solche am Ende derselben an die Pontonniers und gehen ebenfalls links Thalwärts wieder zurück. Es muß hierbei die möglichste Ruhe zu erhalten gesucht werden.

1 Unt.-Offic. und 6 Pontonnier nehmen von denen Arbeitern die Balken ab, legen solche in den Kasten und schnüren selbige mit Bindeleinen.

Es muß darauf gesehen werden, daß sowohl die Balcken auf der Mitten des Pontons gut zusammenstoßen, wie auch, daß nicht über Kreuz geschnüret werde und besonders gut versetzet.

1 Pontonnier holet die Schnürleinen und giebet ein Gebind auf jeden Ponton.

2 Pontonnier, mit Äxten versehen, ziehen die Bretter und Tafeln gleich, stecken die Strudelhölzer ein und holen die Anker-Taue auf.

4 Pontonnier zum Anker auszufahren, legen zuvor in die hierzu gehörigen hohlen Pontons eine Tafel, nehmen alsdann in jedem Ponton zwei Anker mit Tauen und werffen darauf in einer Distance à 90 Ellen jeden Anker.

4 Pontonnier holen die Anker-Taue auf und legen solche feste.

1 Pontonnier sticht am Ufer die Taue in die Anker.

4 Pontonnier Reedeln jeden Balken auf der gedeckten Brücke, 2 mal

1 Pontonnier holet die Reedelleinen und Reedelhölzer, ingleichen 4 Äxte.

N.B.: Bey Schlagung jeder Brücke, daferne sie nach dem Uebergang der Armee nicht gleich wieder abgebrochen werden sollte, muß dabey alle Zeit in Obacht genommen werden, wo der Durchlaß wegen der Schiffahrt bey der Brücke am füglichsten anzubringen sei.

Vorstehende Repartition zum Brückenschlagen ist nach dem jetzigen Etat der Pontonnier-Compagnie entworffen worden. Diese besteht in

1 Capitaine	2 Sergeant
1 Premier-Lieutenant	2 Corporal
1 Sous-Lieutenant	48 Pontonnier

Hierzu sind noch an Arbeitern erforderlich, so von der Artillerie oder Infanterie commandiret werden

1 Premier-Lieutenant	6 Unter-Officiere
1 Sous-Lieutenant	60 Gemeine

NB.: Sollte nun die Pontonnier-Compagnie nach Gelegenheit vermehrt oder verringert werden, so erhält vorstehendes eine andere Eintheilung.

Anlage 03   Vortrag des Pltn.Brück an den Obersten Langenau vom 25.02.1812

Ew. Hochwohlgebohren trage hierdurch ganz gehorsamst vor, was von denen sich hier befindlichen Brücken Apparat auf die zugehörigen

Vier Pontonswagen   und   Ein Leiterwagen

geladen werden kann, wenn nehmlich dieser Brückentrain der Armee gehörig folgen soll:

1.) auf den Pontonwagen No.1
8 Stück Streckbalken à 8 Ellen   16 Stück Brückenbretter
die Schaluppe

2.) auf den Pontonwagen No.2
7 Stück Streckbalken à 12 Ellen 20 Stück Brückenbretter   1 Anker
1 Ankertau   1 Kasten mit Eisenzeug

3.) auf den Pontonwagen No.3
7 Stück Streckbalken à 12 Ellen 20 Stück Brückenbretter   2 Anker
2 Ankertaue   1 Brückenbock mit Zubehör

4.) auf den Pontonwagen No.4
7 Stück Streckbalken à 12 Ellen 20 Stück Brückenbretter   2 Anker
2 Ankertaue   1 Brückenbock mit Zubehör

5.) auf den Leiterwagen
11 Stück Grappinanker   11 Ankertaue   und das übrige Leinenzeug

Folglich in Summa auf allen fünf Fuhrwerken:

1 Schaluppe zum Recogniscieren   2 hölzerne Böcke mit Zubehör
21 Stück Streckbalken à 12 Ellen   16 Stück Grappinanker
8 Stück Streckbalken à 8 Ellen   16 Stück Ankertaue
76 Stück Brückenbretter   1 Eisenkasten, nebst Brückenpfähle und
Leinenzeug

Es wird demnach von dem ganzen Brücken Apparat zurückbleiben:

2 Stück Streckbalken à 16 Ellen defect   36 Stück Brückenbretter
4 Stück Streckbalken à 8 Ellen   21 kurze Balken à 4 Ellen
5 hölzerne Böcke mit Zubehör

Da aber die hier zuvor aufgeführten 12 Ellen langen Streckbalken 16 Ellen lang sind, so glaube ich, dass es besser sey solche bis auf 12 Ellen Länge zu reduciren, und zwar aus folgenden Gründen:

1) Sind diese Streckbalken 23 Jahre alt, und stammen noch von der ersten hölzern Pont.brücke, welche im Jahre 1789 erbaut worden und haben dahero ihre Haltbarkeit in dieser Zeit aus dem öfteren Gebrauch verlohren, welches beweißt, dass hier beym exerciren zwey von diesen Balken zerbrochen sind. Wenn dahero von jedem dieser 16 Ellen langen Balken von einem oder anderen Ende, ein Stück von 4 Ellen abgeschnitten /:

zumahl da die Balken von ihren Enden herein immer eher morsch werden als in der Mitte :/ so würde nicht allein dieses Uibel in etwas abgehalten als auch

2) Die Last um einen großen Theil vermindert, und das Ganze der Last auf die Hinterachse gegen die Forderachse besser verteilt, wodurch die nachtheiligen Schläge der Hinterachse und deren Räder um ein großes abgehalten werden.

Die Länge der Brücke, welche dahero aus den hier vorgetragenen und mit zunehmenden Brücken Apparat zu erbauen ist, beträgt   30 Ellen.

Indeßen, wenn aber auch der ganze hier befindliche Brückenapparat durch Vorspannwagen mit genommen werden sollte, so kann doch nur eine Brücke von   40 Ellen   daraus erbaut werden, indem durch die zerbrochenen Balken, die Abkürzung von 54 Ellen entstanden ist,

Uiberdies wäre noch zu wünschen, dass die durch diesen Vortrag zurückbleibenden 36 Stück Brücken Breter auf einem Wagen mitgenommen werden könnten, weil man viel eher einige Balken zur Verlängerung der Brücke bekommen kann als dergleichen Brückenbreder.

Anlage 04   **Rapport des Pltn.Brück an den General LeCoq vom 11.04.1812 aus Kalisch**

Ew. Hochwohlgebohren melde ich hierdurch ganz gehorsamst, dass ich unter heutigen dato mit nachstehenden Pontonsfuhrwesen, hier eingetroffen bin, als:

   16 blecherne Pontons auf ihren Wagen mit Zubehör

    1 Vorraths-Pontonswagen, und   2 Requisiten-Wagen

Sa.   19 Fuhrwesen

   Ferner an Mannschaft

    1 Officier Pont.Pr.Lieut. Brück

    1 Chirurg   1 Sergeant

    1 Brückenschreiber   Pontonier Detachm.

    1 Corporal und   21 Pontonniers

Sa.   1 Offic., 25 Mann Unteroffc. und Gemeine

   Hierzu noch

    1 Klempner

   Zur Bedeckung des Pontonstrains

    1 Offic. So.Lieut. Hennig   3 Unterofficiers   Grenadier-

    1 Tambour   30 Grenadiers   Bataillon

Sa.   1 Offic., 34 Mann Unteroffic. und Gemeine   v.Liebenau

   An Train-Soldaten

    4 Train-Unterofficiers

    69 Train-Soldaten

Sa.   73 Mann Unteroffic. u. Gemeine

An Train-Pferden

134 Zugpferde und

  <u>4 Unteroffic.Reitpferde</u>

Sa.   138 Zug- und Reitpferde

Unter dieser Summe befinden sich aber   40 Zugpferde
die vor der Hand nicht eingespannt werden können, indem sich solche größtentheils aufgezogen und gedrückt oder sonst äußerliche Schäden haben, unter den annoch verbleibenden 98 Zugpferden

sich noch einige 20 Stück die wegen Entkräftung und föllig erwiesener Untauglichkeit zu einem so schweren Train, ebenfalls unbrauchbar sind. Es werden dahero nur in allem zum ferneren Gebrauch annoch   78 Zugpferde   verbleiben, und folglich nur zu 6spännig

13 Pontonsfuhrwesen   bespannt werden können.

Ich bin dahero genöthiget gewesen, wegen jeglichem Mangel an Bespannung

14 Pontons auf ihren Wagen und

1 Recognoscierschaluppe, ebenfalls auf ihrem Wagen, unter der Aufsicht

1 Pont.Unt.-Officiers   7 Pontonniers nebst

1 Unt.offic.   12 Gemeinen vom Regiment Prinz Friedrich
August in Koszemin zurückzulaßen, über deßen fernere Bestimmung, ich dero weitere Befehle erwarte.

Uiberdies befindet sich in Muskau 1 Trainsoldat und 3 Trainpferde, welche der Ing.Pr.Lieut. Geise in Abwesenheit meiner, wegen völliger Entkräftung und äußerlicher Schäden daselbst zurück hat lassen müssen. Ferner sind 3 Pferde gefallen, als

1 in Ebersbach in Schlesien und   2 in Koszemin
Folglich fehlen am würklichen Bestand 6 Zugpferde.

Ew. Hochwohlgebr. werden gnädigts erlauben wenn ich mich bey meinen gemachten Erfahrungen die Mängel woraus dieses Uibel entstanden und großtheils herkommt ganz gehorsamts vorzulegen:

1.) Hätte der Hr. Train Lieut. Röder bey der Auswahl der Pont.Zugpferde in dem Lande, wohl darauf sehen sollen, daß die stärksten und besten Pferde zu diesem schweren Fuhrwesen genommen worden weren und nicht solche, die schon beym ersten Marsch von Dresden ausgetauscht haben werden müssen, so daß beim zweyten Marsch von Königsbrück aus, Vorspannpferde erforderlich gewesen sind, um diesen Pont.train fortzubringen, welche Vorspannpferde endlich bis 88 Stück heranwuchs.

2.) Hätten die Kumte in Dresden paßlicher für die Pferde angelegt werden können, wodurch der Nachtheil der gedrückten und aufgezogenen Pferde verhindert worden were.

3.) Hätte zu so einem starken Train ein Roßarzt, sowie auch wegen der wohl nöthigen Beschläge der Pferde und nöthigen Reparatur der Wagen ein Feldschmied mitgegeben werden sollen.

4.) Sind 4 Train Unteroffic. Zu wenig, um die gehörige Aufsicht führen zu können, zu mahl der eine wegen Faßung u8nd Uibernahme der Fourage, sich stets abwesend befindet. Auch werde es dem Ganzen nützlich und zweckmäßig seyn, wenn sich bey diesem Fuhrwesen ein Train Officier oder an deßen Stelle ein Train Sergeant befände.

5.) Befinden sich unter diesen Trainssoldaten, Schuster, Schneider, Schornsteinfeger, Leineweber pp. die von der Behandlung der Pferde und von dem Fuhrwesen nichts verstehen, und so mancher Nachtheil daraus entstehen muß.

6.) Sind 4 Pferde für so einen schweren Pont.Wagen zu wenig, zu mahl bey diesen übeln Wegen, wozu auch noch kommt, daß dieser Wagen ein breiter Geleis als alle übriche haben, und die Vorderräder welche sehr niedrig zusammen genommen das Fuhrwesen außer ordentlich erschweren, aus diesem Grunde nöthig ist, die Wagen mit 6 Pferden zu bespannen.

Aus diesem allen wird hervorgehen, daß es unmöglich war, zu mahl bey diesen starken Märschen ohne Rasttag, diesen Unfällen zu entgehen, und das es höchst nöthig, für die noch brauchbaren Pferde es seyn wird, wenn solche sich durch Ausruhung einige Tage, ebend wieder erholen können.

Anlage 05   Ordre des Generals LeCoq an Pltn. Brück vom 19.04.1812

Ew. Hochwohlgebr. wollen mit denen Pontons die der Ausbesserung am bedürftigsten sind, sich morgen Vormittag hierher begeben, um über die Wiederherstellung der Brückenequipage die erforderliche Rücksprache zu nehmen.

Sie wollen diese Pontons durch den zurückgehaltenen Vorspann transportiren laßen, den Rest derselben aber mit dem Train Fuhrwesen einstweilen in ihren jetzigen Kantonierungsquartieren zurück laßen, und zwar solange, bis hiesiger Ort durch den Abmarsch der Truppen das Unterbringen des Trains gestattet.

         von LeCoq

Anlage 06   Ordre des Generals LeCoq an Pltn. Brück vom 21.04.1812

Es soll der Brückentrain vom 22ten d.M. an seine Verpflegung, und zwar was davon jenseits der Gilica steht in Petrikau, was diesseits dieses Flußes sich aber befindet, in Mniskow erhalten. Auf die Zugpferde wird Korn statt Hafer, und zwar in dem Verhältnis 2 zu 3 entnommen und diesen Pferden, unter der nöthigen Vorsicht des Quellens, gefüttert. In den Quittungen sind die Hartfutter-Sorten z.B. mit

         N.Korn statt N.Hafer

jedesmal anzugeben.

Ich mache Ew. Wohlgebr. dieses zu Dero Nachachtung bekannt.

Anlage 07   Ordre des Generals LeCoq an Pltn. Brück vom 23.04.1812

So eben geht Ihr Rapport ein, welcher nach Radom adressirt war. Ich treffe erst morgen daselbst ein. Es freut mich sehr, daß Sie einen Theil des Pontontrains haben abgehen laßen; es ist dies ein Beweis Ihrer unermüdeten Thätigkeit.

Ich schicke dem Obersten von Langenau Ihren Rapport, dieser wird Ihnen wegen des Transports der zurückgebliebenen Pontons weitere Befehle ertheilen. Sichern Sie sich auf jeden Fall den Vorspann, welcher in Petrikau zu erlangen seyn dürfte, um im Stande zu seyn, Petrikau verlassen zu können, sobald Sie hierzu Befehl erhalten. Wegen des magelnden Heues u. Branntweins haben Sie sich an den Platzkommandanten, Major von Brand, zu wenden.

Anlage 08   Ordre des Oberst Ryssel an den Pltn. Brück vom 24.04.1812 aus Radom

Auf eine an den Herrn General Major von Gersdorff eingereichte Anfrage, habe ich zur Resolution erhalten, daß die erfolgte Vermehrung des Etats an Train-Mannschaft und Pferden beim Pontonnier-Detachement mit zum Feldetat des Train-Bataillons gerechnet, und deren Verpflegung nach den reglementsmäßigen Sätzen bei der Wirtschafts-Commission der Artillerie, unter welcher in wirtschaftlichen Gegenständen das Train-Bataillon steht, mit verrechnet werden soll.

Es muß daher nicht allein schleunig ein richtiger Etat, sondern auch die Monatstabellen von dieser Train-Mannschaft und Pferden an das Train-Bataillon geschickt und alles, was seid dem Eintreffen dieser Vermehrung des Train-Etats beim Brücken-Train in wirtschaftlicher Hinsicht geschehen, dem Herrn Oberstlieutenant Haußmann angezeigt und dahin über die Einnahmen und Ausgaben richtige Rechnung abgelegt werden.

Eben so gehört der Train beim Sappeur-Detachement zum Bestand des Train-Bataillons.

Anlage 09   Instruktion für den Pltn. Brück vom 09.05.1812 aus dem Hauptquartier Radom

Ew. Hochwohlgebohren sind bestimmt, alle zum Bau mehrerer Schiffs und Floß Brücken über die Weichsel nöthige Materialien jeder Art, bey Gora gegenüber Pulawy zu sammeln, und in den zum Bau nöthigen Standt der Gestalt zu setzen, daß gleich nach ein gegangenen Befehl, sämtliche Materialien an den Ort des Uiberganges hingeschafft und die Schlagung der Brücke selbst in 2 Tagen vollendet sein kann. Zu Ihrer Unterstützung mit Mannschaft zur Arbeit und Aufsicht, ist der Pr:Ltn: Plödterl mit der Sap Comp an Sie gewiesen, und werden Sie nicht allein von der Infanterie die nöthigen Arbeiter erhalten, sondern auch sich von der Unterprefectur eine gewiße Ihnen überlaßene Anzahl Arbeiter vom Lande stellen laßen.

Ihnen allein ist die Direction dieser Arbeit übertragen; die Ingenieur und Infant: Offic: sind angewiesen sie dabey auf jede Weise, zu unterstützen, sowie erstere in Kurzen Befehl erhalten werden, daß Terrain aufzunehmen, wo die Schiffsbrücke geschlagen werden soll.

Außer den bereits abgesendeten Sousl. Erhardt und Ober Sapp Hustel, wird noch ein Offic: mit 20 Mann sich in Sendomierz, ein anderer in Gora einschiffen und auf beiden Ufern der Weichsel, ersterer von Sendomierz bis Gora, letzterer von Gora bis zum Einfluß der Wieprz in die Weichsel alle Schiffe und Bau Materialien aufgreifen welche sich vorfinden. Der erste Offic: übergibt diese Vorräthe an Ew. Hochwohlgebohren, der letzte aber an einen zu gleichen Zwecken in Regow stehenden Pohlnischen Pont. Offic: Ich werde Ihnen von Radom aus eine Abschrift der Requisitionen senden, welche an die Prefecten von Lublin und Radom zu Herbeyschaffung der Brückenmaterialien ergangen sind, und werden sie für ihre Herbeyschaffung und Uibernahme alle und jede nöthige Maßregel ergreifen. Auch wird ein Deputierter des Lubliner und ein anderer des Radomer Prefecten sich bey Ihnen melden, mit welchen sie unausgesetzt die nöthigen Unterhandlungen zu betreiben haben.

Alle zwey Tage machen sie einen Rapport in dupplo über den Bestand und den Fortgang dieser Vorräthe, wovon sie ein Exemplar an mich und ein anderes an den Westphälischen Obersten Ulliac nach Warschau senden. Sie können letzteren dem Pohlnischen Pont. Offic: in Regow zur weiteren Beförderung übergeben. Sie werden ungesäumt von jedem requirirten Materiale ein Model fertigen laßen, welches sonach bey der Uibernahme als bey der Fertigung derselben zur Probe dienen wird.

Die Schneidemühlen auf beiden Ufern müssen ungesäumt durch Sappeurs recogniscirt und erforderlichen Falls zum besten Fortgang der Arbeit mit Wache besetzet werden.

Die Schiffe welche schadhaft sind müssen so wie die Galleren in den zum Bau nöthigen Standt ungesäumt gesetzet werden.

Sie bleiben zwar für Ihre Person in Gora, müssen aber die Communication mit Pulawy unausgesetzt unterhalten.

Die bey Rachow aufgestellten Materialien müßen ungesäumt nach Gora geschafft werden.

Die Breite der Weichsel wird sogleich bey Gora genau gemeßen und darüber Rapport an mich erstattet.

Ew. Hochwohlgebr. werden endlich jedes Mittel welches zu dem Ihnen aufgegebenen Gewerk führt, so viel Brücken Materiale als möglich zu sammeln und in solchen Stand zu setzen, daß in den möglichst kürzesten Zeitraum Brücken geschlagen werden können mit ganzen Eifer ergreifen.

Langenau

Anlage 10 **Rapport des Pltn. Brück an Gen.Ltn. Le Coq vom 27.06.1812 aus Szepankowo**

Ew. pp. melde hierdurch ganz gehorsamst, daß ich erhaltener Ordre zu Folge, heute zwar in Szepankowo mit einem Teil der Ponton Brücken Equipage eingetroffen bin, 18 Pontons jedoch wegen Mangel an Bespannung, welche allen Bemühungen ohngeachtet, in Ostrolenka nicht zu erlangen gewesen, unter hinlänglicher Bedeckung von Pontonniers, Sappeurs und Grenadiers vom Bataillon v.Brause, daselbst zurückgelassen, übrigens aber dem dasigen Pohlnischen Platzkommandanten die baldmöglichste Herbeischaffung der zum Transport dieser zurückgebliebenen Fuhrwesen erforderlichen Vorspann auferlegt habe.

Ew. pp werden uibrigens nicht ungnädig bemerken, wenn ich durch solche Umstände zuweilen außer Stand gesetzt werde, auch bei dem rastlosen Bestreben Hochwohlgebr. Befehlen, die gebührende Folge zu leisten, weder bey den starken Märschen, den sandigen Wegen, und dem gänzlichen Mangel an Hart- und Rauchfutterrationen, deren eiserner Bestand bereits verfüttert worden, die Pferde, deren einzige Fütterung anniezt in Graas besteht, und von welchen schon eine bedeutende Zahl aus Mangel an Kräften gefallen, so nicht mehr im Stande sind, diese Ponton Brücken Equipage fort zubringen.

Ew. pp habe dieses ganz gehorsamst anzeigen und Hochdero ganz gnädigen Befehl gewärtig seyn sollen.

Anlage 11   Rapport des Pltn. Brück an den Oberst Langenau vom 03.07.1812

Ew. Hochwohlbohren melde hierdurch ganz gehorsamst, dass ich mit 12 Pontons jedes derselben mit

6 Trainpferden bespannt wobey sich

9 Pontonniers

1 Grenadier Unter Officier ingleichen

5 Grenadiers und

38 Trainsoldaten incl. 1 Train Sergeant befinden.

In den letzten Marschquartier zu Suraz hatte ich wegen gänzlicher Ermüdung der Trainpferde, und wegen einer gebrochenen Hinter Achse incl. 10 gebrochener Hinter Räder

6 Pontons und

1 Requisitenwagen zurück lassen müssen wobey sich

1 Pontonier Sergeant

1 Unter Offic. Und

6 Mann von denen mir zugetheilten Musquetiers so als Pontonniere angestellt werden sollen, zur Aufsicht und Beschleunigung der Reparatur zurückgelassen, und hoffe das solche übermorgen als den 5ten dieses hier eintreffen werden.

12 Pontons

1 Chaluppe m. Vorratswagen und

1 Requisitenwagen, welche sämtlich mit Vorspannpferden bespannt sind, und wobey sich sowohl zur Aufsicht als Bedeckung

1 Chirurgius

1 Pont. Unter Offic.

15 Pontonnier

1 Grenadier-Sergeant

30 Grenadiers befindlich sind

Bey der Schiffsbrücke in Borezs befinden sich annoch

1 Pont Corp.

2 Pontonniers.

Ew. Hochwohlgebohrten werden aus diesem müssen ganz gehorsamsten Rapport ersehen, dass ich mich gänzlich ohne einen Pontonnier Unter Offic. befinde, und da meine übrige bei mir habende Mannschaft incl. der Pontonniers nur in allem   15   Mann
        bestehet, welche kaum hinreichend ist die nöthigen anbey erforderlichen Arbeiten und übrigen Dienst zu bestreiten, so bitte ich daher Ew. Hochwohlgebohren, mir so lange

1 Unter Offic. und 10 Mann von der Infanterie zuzutheilen, bis Gelegenheit habe, von der zurückgelassenen Bedeckung wieder einige entbehrliche an mich zu ziehen.

Da durch ein Streckschlag mir heute 1 Trainpferd gänzlich zum Gebrauch untüchtig geworden, und welches ich hier zurücklassen muß, ich aber an dieser Stelle kein anderes habe, auch überdies durch die anfallenden starken Märsche mehre meine bey mir habenden Trainpferde sehr bemüdet sind, und bei einem ferneren Marsch gänzlich unbrauchbar werden könnten, so bitte ich ganz gehorsamst um 8 angeschirrte Vorspannpferde, welche jedoch wo möglich nicht von dem ganz kleinen Schlage weren.

Diese meine ganz gehorsamsten Bitten durch Ew. Hochwohlgebohren genehmigt zu sehen, würde mich in den Stand setzen, jedem Marsch der Armee zu folgen. Ich habe daher nicht ermangeln können, solches mittel Rapport Ew. Hochwohlgebohren ganz gehorsamst anzuzeigen.

Anlage 12   Rapport des Pltn. Brück an Oberst Langenau vom 06.08.1812 aus Wolkowick

Ew. Hochwohlgebohren melde hierdurch ganz gehorsamst daß ich unter den 31ten July a.c. auf dem Marsch von Oschenitzo nach Deryzschin bey dem Dorfe Ostrow wegen Zerbrechung von 5 Hinter Rädern und einer Hinter Achse zwey Pontons verlohren habe, und zwar No. 42 und 36, ich würde noch meinen 3ten Kahn stehen laßen müssen, wenn ich nicht die von den zerbrochenen Pontonwagen mit genommenen Vorderräder als Hinterräder benutzet hätte, und es mir dahero noch auf diese Art gelang, solchen mit fortzuschleppen. Die Anker, Ankertaue, sowie die Räder und Vorderwagen habe ich ver suchen mit fort zunehmen, alles übrige aber müßen zurückbleiben.

Ferner kann ich nicht ermangeln hierdurch ganz gehorsamst anzuzeigen, daß durch das immerwährende Marschieren die Pontons außerordentlich gelitten und sehr schadhaft ja beinahe unbrauchbar geworden sind, denn nur durch die gute Verbindung der Brücke so ich bei Szarw über den Fluß dieses Namens geschlagen habe, war es möglich solche zwey Tage zu halten, ein längeres stehen derselben, würde das Sinken derselben unvermeidlich nach sich gezogen haben. Es kann dahero ohne nicht zuvor diese Pontons repariret worden sind keine Brücke welche auf einige Zeit zur Communication dienen soll, geschlagen werden, sondern nur noch zu einem Uibergang auf einen Tag angewendet werden.

Diese Ew. Hochwohlgebohren hierdurch ganz gehorsamst zu melden, habe ich nicht ermangeln können.

Anlage 13   Meldung des Plt. Brück an Hptm. Damm vom 09.08.1812 aus Swislotz

Ew. pp melde hierdurch ganz gehorsamst daß auf Befehl des Hrn. Obrist Lieutenant Haußmann und auf Verrechnung des Hrn. Ober Chir. Günz mit heutigem dato, 3 Kranke als

    1. Ponton. Joh. Gottlieb Potscher

2. Gren. Joh. Aug. Höhenfeld v. Gren.Btl. v.Brause

3. Zimmermann Joh. Glob Eulenberger v.Rgt. Pr. Frdrch

so als Pontonnierge-
hülfen beym Ponton-
train commandirt stehen

durch den Compagnie Chir. Liebert ins Hospital nach Byalistok transportiert worden sind.

Ferner ersuche ich Ew. pp gehorsamst bey der General Cas. auf Erhebung 300 Thlr. -- -- zur Reparatur der Pontons und Wagen anzutragen, indem ich anniezt ganz von Gelde entblößt und von der Casse selbst zu weit entfernt bin, um diese Erhebung selbst besorgen zu können, dergl. ermangeln mir noch die   157   Thlr.   22gr.   6pf. betragenden Gebührnisse fürs Pontonnier Detachement pr. Ms. Jul. 1812 welche ich in Rozanna des schnell anzutretenden Marsches halber, nicht erheben konnte.

Diejenigen 30 Thlr. welche Ew. pp den beim Ponton Train stehenden Sattler Mstr. Barnewig vorschußweise gegeben, habe ich demselben an seiner Julirechnung bereits verrechnet, und erwarte bloß eine sicherere und gute Gelegenheit, um solche an Ew. pp übermachen zu können.

Ferner melde ich Ew. pp, daß am 31.v.M. auf dem Marsche von Rozanna nach Oschenitze 2 Pontons Nr. 36 und 42 wegen Zerbrechung der Räder haben liegen gelaßen werden müssen.

Ich werde nicht ermagelt haben, Ew. pp eine Bestandsliste zu übersenden, wenn ich nicht von der 2ten Abthlg. der Pontons getrennt wäre und daher von den Abgängen oder Zuwächsen bei derselben nicht informiert bin.

Anlage 14   **Anzeige des Kpt. Brück an den Intendanten v.Ryssel vom 21.08.1812 aus Breczs**

Ew. pp. zeige hierdurch ganz gehorsamst an, was zur Ergänzung als auch Reparatur bei der K.S. Ponton Brücken Equipage annoch erforderlich ist, als:

Bei der 1ten Abtheilung

1) 36 Rödel- oder Spanntaue à 11 Ellen oder an deren Stelle 6 Taue jedes von 66 Ellen

2) 50 Stck. Rödelleinen oder Zugstränge 3) 2 Breter 2 Zoll stark, 12 Zoll breit, 8 Ellen lang

Bei der 2ten Abtheilung

1) 20 Tafeln Blech   2) 48 Spanntaue

3) 360 Schürleinen oder schwache Zugstränge

4) 90 Rödelleinen oder starke Zugstränge   5) 36 Stck. Bindestränge

Das Tau und Leinenwerk ist bei dem Juden Lebel Lutkatsch zu haben, so wie das Blech bei dem Juden Schacht.

Welches auf Befehl des k.Österr. Gen. Mayer Ew. pp. ganz gehorsamst habe anzeigen wollen.

Anlage 15   **Pass des Kpt. Brück für den Pont.Corp. Bähr 1 vom 22.08.1812 aus Breczs**

Auf Befehl Sr.Hochwohlgebr. der Hrn. General Major und Chef des Generalstaabs des mobilen Truppencorps, v. Langenau, wird hiermit

der Pontonnier Corp. Bähr 1 mit

6 Ponton.	2 Wagen
1 Corp.	1 Reit- und 16 Zugpferden
6 Trainsoldaten und	

kommandirt, sich sofort nach Ostrow zu begeben, um 2 daselbst wegen Zerbrechung der Räder liegen gebliebenen aufzuladen und nachtransportiren.

Es werden daher alle Civil- und Militair Behörden hierdurch veranlaßt und resp. bedeutet obgenannten Commando zu ihrem Fortkommen nicht nur, sondern auch zu deren hierzu nöthigen Requisitionen aller Art möglichst behülflich zu seyn, nichts desto weniger mit den erforderlichen Port(ionen). und Rat(ionen) zu verpflegen, widrigenfalls die Obrigkeiten zu strenger Verantwortung gezogen werden sollen.

Zur Legitimation obgedachten Commandos wird demselben hiermit gegenwärtiger Pass ausgestellt.

Anlage 16   **Ordre des Kpt. Brück an den Pont.Serg. Arldt vom 14.09.1812 aus Tursky**

Der Pont.Serg. Arldt erhält hierdurch in Ordre, deßen auf Befehl und sogleich die Verfügung daß er, durch einen Ponton-Wagen, welcher gut bespannt, den in Breszc zurückgelassenen Ponton No.36 nachholen lässt, hierzu sind

1 Unt.Off. vom Train

2 Ponton.

commandirt. Der Train Unter.Off. hat sich bei seinem in Breczs beim dortigen s. Platz Com. H. Hptm. v. Kamps zu melden, und um die nöthige Unterstüzung zum Aufladen sowohl als zu seinem ferneren Fortkommen bei solchen anzutragen, weshalb ihm bei liegender Brief an d. Hr. Hptm. Kamps mitgegeben ist.

Der Serg. Arldt sucht während dieser Zeit den fehlenden Hinterwagen bauen zu lassen, damit derselbe auf denselben zum künftigen Marsch dieser Ponton mit fortgenommen werden kann. Es würde zur Reparatur dieses Pontons dem Klempner dort in Wlodawa eingetroffen seyn, wenn solcher nicht das Fieber hätte, so bald aber solcher wieder gesund wird er sich zu dieser Reparatur dort einfinden.

Es sollen so viel als möglich alle Materialen requiriret werden, jedoch wo es nicht seyn kann, mit baarem Gelde auf das genaueste bezahlt werden.

Sollten die Breter und Balken zu Nr.36 der Kürze der Zeit wegen nicht sogleich herbeigeschafft werden können, so muß dieses fernerhin nach und nach geschehen.

Uibrigens ist der Serg. Arldt für die genaue Befolgung dieser Ordre auf das strengste verantwortlich und hat derselben auf die schleunige Beförderung der Reparatur seine

Kräfte anzuwenden, und mir mit dem zurückgehenden Unter Offic. einen genauen Rapport, wie weit die Arbeit gediehen, an mich abzustatten.

Sollte während dieser Zeit, als der Wagen für Nr.36 gebaut wird, eine Marschordre für die 2te Abtheilung kommen, so hat der Serg. Arldt mittels Lieferschein den Ponton gegen Quittung der dortigen Behörde in eine sichere Verwahrung zu übergeben.

Anbei folgt nebst Löhnungsbetrag die Löhn. Pr. Aug sowohl für U.Offic. und Gem. Pont. Als auch für die Gehülfen, nebst denen Quittungen, wovon eine der Serg. Arldt, die andere aber der Corp. Schütz wegen des richtigen Empfanges zu unterschreiben und mir in den Rapport mit beizulegen hat.

Sollte der Ober Chirurg Günz beim dortigen Koprs eingetroffen seyn, so hat der Serg. Arldt beiliegenden Brief nebst Medi. Geld an solchen gegen Quittungen abzugeben, mir aber ebenfalls diese Quittungen nebst den Rapport zuzustellen. Sollte sich aber O.Chir. Günz noch in Brecsz befinden so hat der Serg. Arldt diesen Brief nebst Medi. G. dem Tr.U Offic. so in Abholung des Pontons dahin abgehet, mit zugeben, und solchen in meinem Namen zu befehlen, dass er die Quittung darüber mit zurückbringt, welche Sie mir dann auf das schleunigste zuzustellen haben.

Anlage 17   Befehl des Generals Langenau an den Hptm. Brück vom 21.10.1812 aus Skriszow

Da ich immer hoffe, dass sich unter den sehr defekten Pontons noch einige finden dürften, die im höchsten Nothfall zur Schlagung einer Brücke dienen können, und es die Umstände erfordern auch zu ihrem Gebrauch unsre Zuflucht zu nehmen, so werden Ew. Wohlgebr. vor der Hand nur die 12 aller schlechtesten der bei sich habenden Pontons, mit den defectesten Wagen nach Warschau abgehen lassen, welcher Weg jetzt ohne Gefahr zurück gelegt werden kann.

Sie werden ferner die in Warschau nöthigen Anstalten zur schleunigen Wiederherstellung der Pontons treffen, den übrigen Brückenapparat, insoferne dies den Transport nicht zu sehr erschwert, auf die zurückbleibenden Fahrzeuge vertheilen lassen und mit denselben für Ihre Person Ihre weitere Bestimmung beim Artilleriepark erwarten.

Das Hauptquartier, welches heute in Skriszow ist, bleibt morgen wahrscheinlich ebenfalls noch hier.

Sämtliche Pferde der nach Warschau gehenden Pontons, müssen sofort wieder hierher gesendet werden.

Anlage 18   Befehl des Generals Langenau an den Hptm. Brück vom 21.10.1812 aus Skriszow

Ew. Hochwohlgebr. wollen sich sofort hierher begeben, um sich morgen bei Wahsilow die Stelle zu besehen und die Mittel zu untersuchen, wo und wie eine Brücke über den Bug geschlagen werden soll.

Langenau

Inserat

Ein Exemplar der Meyerschen Karte von Galizien liegt in dem Karten Koffer des Generals v.Langenau wozu der Hr. Obstltn. Haussmann oder Hr. Birnbaum den Schlüssel hat. Der Graf Schulenburg bittet ganz ergebenst, dieses Exemplar mitzubringen.

      Odeleben

Anlage 19   Befehl des Generals Langenau an den Hptm. Brück vom 31.10.1812 aus Zajenczize

Ew. Hochwohlgebr. sollen heute mit dem unterhabenden Brücken Train über Drohyczin nach Bujaz marschieren, welches auf der Straße von Drohyczin nach Siemiaticze liegt, der Train daselbst aber weitere Befehle erwarten.

Sie für Ihre Person begeben sich Anuhin, wo heute das Hauptquartier ist.

An der Brücke bei Wasilow lassen Sie einen ausrichtsamen Pontonnier und 1 Unt Offic u. 6 Mann von der Infanterie, nebst eines Zettels, welcher jedermann der über die Brücke geht benachrichtigt, dass das Corps heute nach Anuhin, auf der Straße von Drohyczin nach Mielnik marschirt ist. Die übrigen Mannschaften von der Infanterie maschiren mit Ihnen nach Anuhin. Die Ostreicher haben da , wo das vorigemal unsere Pontonbrücke stand, eines der versoffenen Pontons ans Land gezogen, Ew. Hochwohlgebr. werden Alles mögliche anwenden, um ihn von da weg u. wenn er brauchbar ist, nach Listorschow zu schaffen.

      In Zaunoniky, ½ St. von Bujad ist noch ein bedeutender Hafer Vorrath.

Anlage 20   Mitteilung des OSL Haußmann an den Hptm. Brück vom 02.11.1812 aus Bransk

Abschrift   Klesziel am 2ten Novembr. 1812

Ew. Hochwohlgebr. wollen mit dem unterhabenden Artillerie Park, Brücken Train, den Parc de vivres und allen Equipagen, morgen den 3ten November dergestalt von Bransk aufbrechen, dass Sie noch an diesem Tage in Suraz eintreffen können, wo Sie weitere Befehle erhalten werden.

In Bransk lassen Sie bis zum 5ten November Einen oder Ein Paar ausrichtsame Leute zurück, welche alle Fouriere die dem Corps nachgehen auf Bielsk, alle Transporte aber nach Suraz dirigiren. Es wäre denn, dass der Intendant diese letzteren vielleicht eine Direction nach Bielsk bereits bestimmt hätte.

Das Hauptquartier kommt heute nach Orla und wahrscheinlich morgen nach Narew.

                                          Langenau

Der Artillerie Haupt Parc marschirt morgen früh 7 Uhr von hier ab.   Haußmann

Anlage 21   **Befehl des Generals Langenau an den OSL Haußmann vom 02.11.1812 aus Orla**

Ew. Hochwohlgebr. benachrichtige ich hiermit, daß das Corps morgen hier Rasttag hat. Ich rechne darauf, daß dieselben morgen mit allen Ihnen untergebenen Partheyn in Surasz eintreffen werden. Sie müßen daselbst sofort eine Brücke über die Narew schlagen laßen, und dazu, wenn es einigermaßen möglich ist, sich keineswegs unserer Pontons sondern der Mittel bedienen, welche Ihnen der Fluß und die Stadt darbieten.

Hauptmann Brück, der bei Ihnen eingetroffen seyn muß, wird Ihnen die nützlichsten Dienste leisten. Gleich nachdem die Brücke vollendet ist, müßen Ew. Hochwohlgebr. mit allen Sächs. Partheyen dieselbe paßiren, und sich jenseits aufstellen, wenn Sie nicht bis dahin, wie ich vermute, Befehl erhalten Ihren Marsch fortzusetzen, der sich dann entweder auf Bialystock oder auf Zabludow dirigiren dürfte.

Gleich nachdem die Brücke in stand ist, muß der Hauptmann Brück mit den 6 bespannten Pontons von Surasz nach Troszcianka marschiren, welches auf der Straße von Zabludow nach Narew liegt. Wenn von Surasz kein gerader Weg auf Troszcianka gehet und die Pontons daher über Zabludow marschiren müßen, so werde ich dem hauotmann Brück in Zabludow jemand entgegen schicken, um ihn zu dirigiren. Es versteht sich daher, daß Ew. Hochwohlgebr. mir sofort durch einen Offizier aus dem Haupt Parc Nachricht übersenden:

1)   wann die Brücke in Surasz fertig werden wird
2)   welche Transports üner dieselbe gehen
3)   welchen Tag der Hauptmann Brück nimmt und wann derselbe weitermarschiren kann.

Anlage 22   **Übergabe der Pontons Nr.10 und 20 zur Verwahrung an die Behörden von Kniesno am 09.11.1812**

Specification desjenigen Brückenapparates, welcher wegen gänzlicher Unbrauchbarkeit nicht weiter zu transportieren gewesen und bei dem Dominium zu Kniesno deponirt worden ist:

1) 2 Pontons Nr.10 und 20   2) 2 Ankertaue

3) 12 Breter   4) 7 Balken

5) 2 Tafeln   6) 6 Rödelbreter

7) 1 Hinter- und Vorder-Wagen mit Eisen beschlagenen Achsen und 4 Rödelleinen nebst Deichsel,

8) 1 Hemmschuh mit Hemmkette

Anlage 23   **Übergabe des Pontons Nr.18 zur Verwahrung an die Behörden von Woltiowice am 11.11.1812**

<u>Specification</u> desjenigen Brückenapparates, welcher wegen gänzlicher Unbrauchbarkeit nicht weiter zu transportieren gewesen und der Amts-Obrigkeit zu Woltiowice übergeben wurden:

1 Ponton Nr.18

1 Hinter- und Vorder-Wagen mit Eisen beschlagenen Achsen und Deichsel, ohne Räder

3 Rödelschienen

1 Hemmschuh mit eiserner Kette   A.Radowich

Anlage 24   **Brief des Pltn. Weinholdt an Kpt. Brück über die Pontonreparatur vom 21.11.1812 aus Warschau**

Lieber Capitain!

So gleich ermangele ich nicht, Dir zu schreiben, das ich mich in Ungewissheit befinde, da man hier in Warschau sagt, wie auch der Oberst Lieutenant v.Wolfersdorf, daß die Communication, an die Armee nicht ganz verlässig sey, und daher selbst glauben muß, daß mir meine Rapports, als auch alle Briefe an Dich, verlohren gegangen wären; welches ich nicht wünschen wollte, daß es wahr seyn möchte, jedoch muß ich fast selbst daran glauben, indem ich hoffe, nur ein Wort, von Dir zu erhalten, und noch nicht das mindeste in Erfahrung gebracht habe, woher ich mich bloß auf Dein Zutrauen verlaße.

Es sind 9 Pontons nun aus der Reparatur desgleichen 10 Wagen. Aber wie stark wird der Betrag der Reparaturkosten werden, da die Pontons nebst den Wagen, so nun aus der Reparatur sind, gegen 1600 Rthlr schon betragen, und daher die ganze Reparatur gegen 2300 bis 400 Rthlr kommen kann. Da die Pontons auf dem Boden sehr schadhaft waren, und sind auch ich nicht anders kann, als selbige in guten Stand zu setzen, in dem sonst die ganze Reparatur nichts nutzen wird. Hauptsächlich an den Wagen, wo größtentheils die Achsen und Räder ganz neu werden mussten, um sie in guten Stand zu bringen, da die alten gar nicht brauchbar waren.

Ich bitte Dich daher recht sehr mir bey zu stehen, denn es gebricht an nichts, als wie an Geld, welches mir die meiste Unruhe verursacht, denn die Professionisten fangen an mich zu blagen, um Anzahlung, so wie Dir mein vorheriger Brief gemeldet haben wird, so kann ich von dem Oberstlieutenant Wolferdorf auch nicht das mindeste bekommen, auch nicht einmal für auch noch für meine unterhabenden Pontonniers.

Woher ich Dich sehr bitten wollte mir zu schreiben, von welchem Datum aus ich ihnen die Löhnung geben kann, da mit ich sie Dir wieder zurechnen kann. Da die Feld-Kriegs-Casse in einigen Tagen wieder in Warschau eintrifft, und ich gleich auf sie die Löhnung haben will, denn vor jetzt habe ich ihnen nur auch vorgeschossen. Kurtz und gut ich kann Dir nicht anders sagen, es, schert einen hier, wenn nur einen, einen Gefallen thun kann.

Auch kann ich nicht unter laßen Dir zu schreiben, daß ich ganz bestimmt glaube, in 3 Wochen ganz und gar ferdig zu seyn, mit der ganzen Reparatur und sie auch gut und dauerhaft hergestellt zu haben, Auch bitte ich Dich noch mit zu sagen, ob ich noch einige Staaken und Strudelhölzer mit besorgen soll, da es ganz an selbigen fehlt.

Der Ponton No.40 so am Bug sich befand, und der Corporal Fischer vom Train, von mir danach geschickt ist, wie Dir mein Brief als auch der Corporal Bär, nun gesagt haben wird ist noch nicht ein getrofen.

Unter allen guten Wünschen und Gedanken uns bald zu sehen, und einer guten Entscheidung fürs Ganze, wünsche ich das es Dir gut gehen möge wie es nur möglich und verbleibe unter immer währenden denken an die forn bey der Armee stehenden.

Anlage 25   **Übergabeprotokoll des Pltn. Weinholdt für die in Warschau reparierten Pontons vom 31.12.1812**

<u>Specification</u> Derer Pontons und Wagens, so zu Warschau repariret worden, und von dem Herrn Hauptmann Brück übernommen worden, als:

Pontons No.7, 12, 13, 14, 32, 33, 37, 42, 44, 45, 48 und 49

2 Anker	- Ankertaue
Spieltaue	40 Rödeltaue
150 Schnürleinen	50 Bindestränge
91 Balcken	156 Bretter
32 Rödelbretter	15 Tafeln
5 Staacken	13 Pontonswagen
14 Stangenwagen	28 Vorlegewagen
12 Reserve-Hinterräder	5 Reserve-Vorderräder
36 Strudelhölzer	48 Rödel
50 Rödelstränge	

Anlage 26   **Übernahmeprotokoll des Pltn. Weinholdt für die in Warschau zu reparierenden Pontons vom 31.12.1812**

<u>Specification</u> Derer Pontons und Wagens, so von der Armee gekommen, und zu Warschau übergeben worden, als:

Pontons No.3, 9, 10, 19, 22, 28, 43, 46, 50 und 51

8 Anker	- Ankertaue
- Spieltaue	6 Rödeltaue
- Schnürleinen	- Bindestränge
77 Balcken	120 Bretter
12 Rödelbretter	8 Tafeln
- Staacken	12 Pontonswagen
12 Stangenwagen	14 Vorlegewagen
5 Reserve-Hinterräder	10 Reserve-Vorderräder
- Strudelhölzer	

Anlage 27

Rangliste der Stabs- und Oberoffiziere des Ingenieur-Corps 1811-1813						
Name			Dgr.	Patent	Dgr.	Patent	Kommentare
LeCoq	Johann August		Obst	14.11.10			
	Commandant		SHO / EL				
Berggold	Friedrich Gustav	G	Mj.	02.01.09			
Töpel	Joh. Heinrich August	A	Mj.	15.11.10			
Rouvroy	Carl August Gabriel	G	aMj.	06.02.11			
Wiedemann	Carl August	Adj.	Sltn.	21.03.04			
Damm	Johann Otto	A	Capt	27.01.07	Mj.	03.12.12	
Obenaus	Johann David	G	Capt	28.09.09			fehlt 1813
Clauß	Friedrich Benjamin	A	Capt	14.11.10			b.d. Sappeur-Kpn.
	Commandant d. Sap.kpn.						
Geise	Johann Friedrich	G	Pltn	25.04.04	Capt	05.06.12	
Ulrich	Joh. Carl Anton	G	Pltn	14.11.04	Capt	06.06.12	
Erhardt	Christian Heinrich	G	Pltn	22.01.06			
Günther	Christian August	A	Pltn	08.05.07			1811 b.d. Sappeur-Kpn.
Plödterl	Johann Franz	A	Pltn	17.10.08			b.d. Sappeur-Kpn.
			SHO 1813				
Roch	Carl August	A	Pltn	10.06.10			b.d. Sappeur-Kpn.
Heyl	Joh. Carl Judeich	A	Sltn	09.05.03			b.d. Sap.-K., 1812 verabsch.
Oberreit	Jacob Andr. Herrmann	G	Sltn	19.03.04	Pltn.	05.06.12	
Haarenberg	Friedrich August	G	Sltn	20.03.04			
Wiedemann	Carl August	Adj	Sltn	21.03.04			
Buschbeck	Heinrich Adolph	A	Sltn	22.01.06			b.d. Sappeur-Kpn.
Bärend	Jacob Clemens	G	Sltn	05.09.06			
LeCoq	Carl August	A	Sltn	06.09.06			
Heckel	Johann Gotthold	A	Sltn	27.01.07			b.d. Sappeur-Kpn.
Köhler	Carl Christian August	G	Sltn	22.10.08			
Horrer	George Wilhelm	G	Sltn	30.09.09			
Brauchitzsch	Carl Heinrich August		aSltn	18.06.10	1813 wirkl. Sltn.		
Schmied	Carl August		aSltn	19.06.10	1813 wirkl. Sltn.		1813 b.d. Sappeur-Kpn.
Lehmann	August Friedrich		aSltn	06.02.11			
Rhäsa	Moritz Carl		aSltn	07.02.11			
Siedel	Carl Friedrich		TrS	18.05.03			15.11.12 als Sltn. z.Infanterie versetzt
Reinsch	Friedrich August		TrS	23.03.04			fehlt 1813
Knöbel	Carl Julius		TrS	17.04.06	aSltn	11.03.12	
Löwe	Ernst Carl Eduard		TrS	26.09.06			05.12.12 als Sltn. z.Infanterie versetzt
Thamm	August Theodor Ghelf		TrS	27.09.06			05.12.12 als Sltn. z.Infanterie versetzt
Töpel	August		TrS	01.10.07			
Fiedler	Joseph		aTrS	03.07.10			
Daßdorff	Friedrich Wilhelm		aTrS	03.07.10			fehlt 1813
Scheibner	Friedrich Gustav		aTrS	03.07.10	1813 wirkl. TrS		
Peschel	Carl Friedrich		aTrS	03.07.10	1813 wirkl. TrS		
Müller	Friedrich Wilhelm		aTrS	26.07.11			
Andrée	Carl Erdmann		aTrS	18.10.11			
Ultmann	Ernst August		aTrS	18.10.11			
Löben	Ernst Wolf von		aTrS	18.10.11			
Hierüber	Festungsingenieur auf dem Königstein						
Spieß	Christian Friedrich		Mj.	14.11.10			

Name		Dgr.	Patent	Dgr.	Patent	Kommentare	
à la suite							
Götzschel	Johann Christian	Mj.	17.01.05				
Walther	Friedrich Wilhelm	Mj.	22.01.07				
Göphardt	Johann Adolph	Mj.	23.01.07				
Henry	Joseph	Capt	20.03.04				
Hopffe	Friedrich Heinrich	aTrS	01.10.07			1813 einrangiert	
	Ingenieur-Academie						
Fleischer	Carl Christian	OSL	14.11.10			Directeur	
Törmer	Joh. Gottlob Friedrich	Pltn.	15.11.04	Capt	07.06.12	Dessinateur	
Erhardt	Chrsitian Friedrich	Pltn.	23.01.06			Architekt	
Fischer	Ludwig Joseph	Sltn	09.05.07			Mathematikus	
	Pontonier-Compagnie						
Hoyer	Johann Gottfried	OSL	15.11.10			Commandant	
Kühnel	Carl Gottlieb	Capt	07.09.10			Premierltn.	
Brück	Christian Lebrecht	Pltn	07.09.10	Capt	08.08.12	Sousltn.	starb Anfang 1813

a	vor Dienstgrad stehen = aggregiert
A	Architekt
G	Georaph
TrS	Tranchee-Sergant

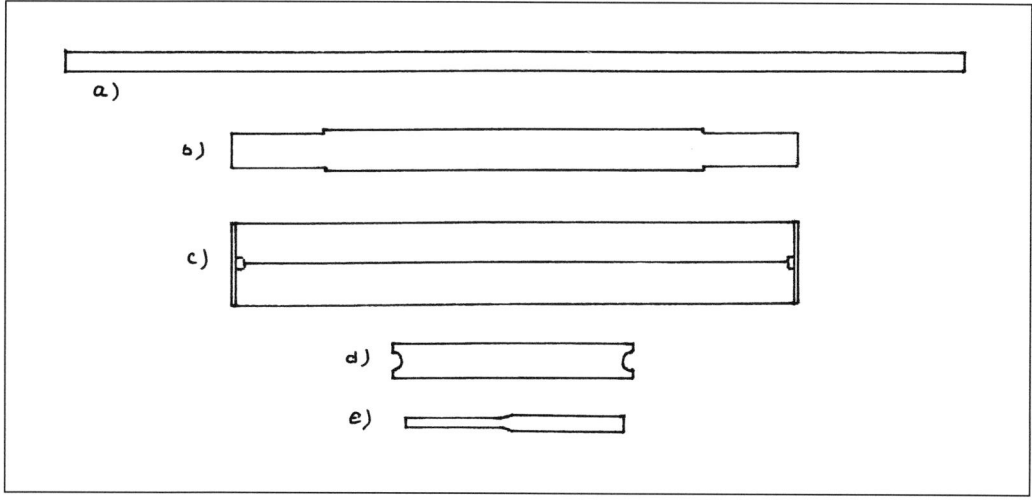

Abb. 14 Brückenmaterial a) Streckbalken, b) Belagbrett, c) Tafel, d) Rödelbrett, e) Strudelholz (Zeichnung des Autors nach Reinhold)

Anlage 28   **Namensliste des Potonnierdetachements 1812/13**

Namensliste der Pontonnier-Abteilung

Stand 31.05.1812

Pontoniere

#	Rang	Name	Vorname	Vorname		#	Rang	Name	Vorname	Vorname
1	Prem.ltn.	Brück	Christian	Leberecht		12	Tr.soldat	Donath	Carl	Gottlieb
1	Fourier	Strehle	Friedrich	August		13	Tr.soldat	Kaler	Johann	Gottfried
1	Sergeant	Arldt	Carl	Gottlieb		14	Tr.soldat	Hegenwald	Christian	Gottlieb
1	Chirurg	Liebert	Carl	Gotthelf		15	Tr.soldat	Kotte 1	George	
1	Corporal	Behr	Johann	George		16	Tr.soldat	Kotte 2	Johann	Gottlieb
2	Corporal	Behr	Friedrich	Wilhelm		17	Tr.soldat	Petrasch	Johann	Matthes
1	Pontonier	Kretzschmar	Christian	Gottlob		18	Tr.soldat	Anders	Johann	Christoph
2	Pontonier	Keppler	Johann	Gottlob		19	Tr.soldat	Walther	Johann	Gottlieb
3	Pontonier	Weber	Johann	Gottfried		20	Tr.soldat	Scharf	Johann	Christian
4	Pontonier	Berger	Johann	Gottlieb		21	Tr.soldat	Schneider	Johann	Gottlieb
5	Pontonier	Fuhrmann	Johann	Gottlieb		22	Tr.soldat	Bursche	Johann	Gotthelf
6	Pontonier	Klemme	Johann	Gottfried		23	Tr.soldat	Benedick	Gottlob	
7	Pontonier	Hammitzsch	Johann	Gottfried		24	Tr.soldat	Richter	Johann	Gottlieb
8	Pontonier	Richter 3	Johann	Gottlob		25	Tr.soldat	Dittrich	Gottfried	
9	Pontonier	Richter 4	Johann	Gottfried		26	Tr.soldat	Schulze 1	Jacob	
10	Pontonier	Richter 5	Johann	Gottlieb		27	Tr.soldat	Kreysche	Johann	Gottlob
11	Pontonier	Müller	Johann	Gottfried		28	Tr.soldat	Schulze 2	Gottfried	
12	Pontonier	Potscher	Johann	Gottfried		29	Tr.soldat	Schauer	Johann	Gottlieb
13	Pontonier	Richter 6	Carl	Gottlob		30	Tr.soldat	Wilcke	Johann	Carl
14	Pontonier	Richter 7	Johann	Traugott		31	Tr.soldat	Reischelt	Carl	Friedrich
15	Pontonier	Raff	Christian	August		32	Tr.soldat	Busch	Gotthelf	
16	Pontonier	Hannisch	Johann	Gottfried		33	Tr.soldat	Müller	Christoph	
17	Pontonier	Kühne	Johann	Gottfried		34	Tr.soldat	Wagner	Johann	Christian
18	Pontonier	Hartmann	Friedrich	August		35	Tr.soldat	Pietsch	George	
19	Pontonier	Oehme	Johann	Gottlieb		36	Tr.soldat	Mattischke 2	Mathes	
20	Pontonier	Vogel	Johann	Siegism.		37	Tr.soldat	Trautmann	Johann	Christian
21	Pontonier	Leischke	Johann	Gottlob		38	Tr.soldat	Oehme	Johann	Gottlieb
22	Pontonier	Hörschel	Carl	Gottfried		39	Tr.soldat	Fuhrmann	Johann	Gottlob
23	Pontonier	Illmer	Johann	Carl Glieb		40	Tr.soldat	Wünsche	Gottlob	
24	Pontonier	Kliemann	Carl	Gottlieb		41	Tr.soldat	Proße	Traugott	
25	Pontonier	Gerschner 2	Christian	Gottlieb		42	Tr.soldat	Pfeifer	Christian	Gottlieb
26	Pontonier	Säurig	Christian	Friedrich		43	Tr.soldat	Kotschling	Hanns	Christoph
1	Klempner	Weigelt	Friedrich	Gottlieb		44	Tr.soldat	Hart	Johann	Friedrich
						45	Tr.soldat	Illing	Fürchteg.	Friedrich
	Trainabteilung					46	Tr.soldat	Jork	Johann	Martin
1	Sergeant	Schütze	Hanns	Christoph		47	Tr.soldat	Wenzer	Hanns	
1	Corporal	Hause	Johann	Christian		48	Tr.soldat	Haucke	Johann	Gottfried
2	Corporal	Neumann	Johann	Gottlob		49	Tr.soldat	Leithold	Johann	Gottlob
3	Corporal	Fischer	Johann	Sigism.		50	Tr.soldat	Haacke	Johann	Gottlieb
4	Corporal	Heyer	Johann	Gottlob		51	Tr.soldat	Schwerack	Michael	
1	Tr.soldat	Bräuer	Carl	Gottfried		52	Tr.soldat	Jacob	Johann	Fürchteg.
2	Tr.soldat	Pruff	Wilhelm			53	Tr.soldat	Tanntho	Mathes	
3	Tr.soldat	Pötsch	Hanns			54	Tr.soldat	Frost	Johann	David
4	Tr.soldat	Jurk	Johann			55	Tr.soldat	Hempel	Gottlob	
5	Tr.soldat	Kuban	Hanns	George		56	Tr.soldat	Schack	Friedrich	
6	Tr.soldat	Huhne	Andreas			57	Tr.soldat	Schindler	Johann	Ehrenfried
7	Tr.soldat	Mattischke 1	Johann			58	Tr.soldat	Schulze 3	Heinrich	
8	Tr.soldat	Barthel	Johann			59	Tr.soldat	Ebert	Johann	Gottlieb
9	Tr.soldat	Maacke	Carl	Gottlob		60	Tr.soldat	Wirtz	Johann	Gottlieb
10	Tr.soldat	Fauland	Johann			61	Tr.soldat	Stolze	Christian	
11	Tr.soldat	Unger	Carl	August		62	Tr.soldat	Rahe	Johann	Heinrich

noch Stand 31.05.1812

63	Tr.soldat	**Döring**	Johann	Christoph	67	Tr.soldat	**Böhmchen** Johann	Carl
64	Tr.soldat	**Naumann**	Johann	Christian	68	Tr.soldat	**Schmäder** Johann	Christoph
65	Tr.soldat	**Joseph**	Hanns		69	Tr.soldat	**Ruhland** Johann	Gottlieb
66	Tr.soldat	**Budig**	Hanns		70	Tr.soldat	**Lehmann** Gottlob	

Glogau **Stand 31.07.1813**

1	Capt.	**Kühnel**	Carl	Gottlieb	11	Pontonier	**Richter** Carl	Gottlob
1	Fourier	**Strehle**	Friedrich	August	12	Pontonier	**Hannisch** Johann	Gottfried
1	aCorporal	**Gerschner**	Carl	Gottlieb	13	Pontonier	**Oehme** Johann	Gottlieb
2	aCorporal	**Klemm**	Christian	Gottfried	14	Pontonier	**Gerschner** Christian	Gottlob
3	Pontonier	**Schindler**	Johann	Traugott	15	Pontonier	**Bernhardt** Carl	Gottlieb
4	Pontonier	**Nitzschner**	Johann	Ephraim	16	Pontonier	**Ryssel** Johann	Gottlieb
5	Pontonier	**Huhn**	Heinrich	Gottlob	17	Pontonier	**Beck** Christoph	Simon
6	Pontonier	**Köhler**	Johann	Christlieb	18	Pontonier	**Berger** Johann	Carl
7	Pontonier	**Petters**	Christian	Friedrich	19	Pontonier	**Zschaler** Johann	Gottfried
8	Pontonier	**Schiller**	Carl	Gottlob	20	Pontonier	**Weinert** Johann	August
9	Pontonier	**Hammitzsch**	Johann	Gottfried	21	Pontonier	**Loose** Heinrich	Wilhelm
10	Pontonier	**Goltsche**	Johann	Gottlieb	22	Pontonier	**Lange** Heinrich	Gottfried

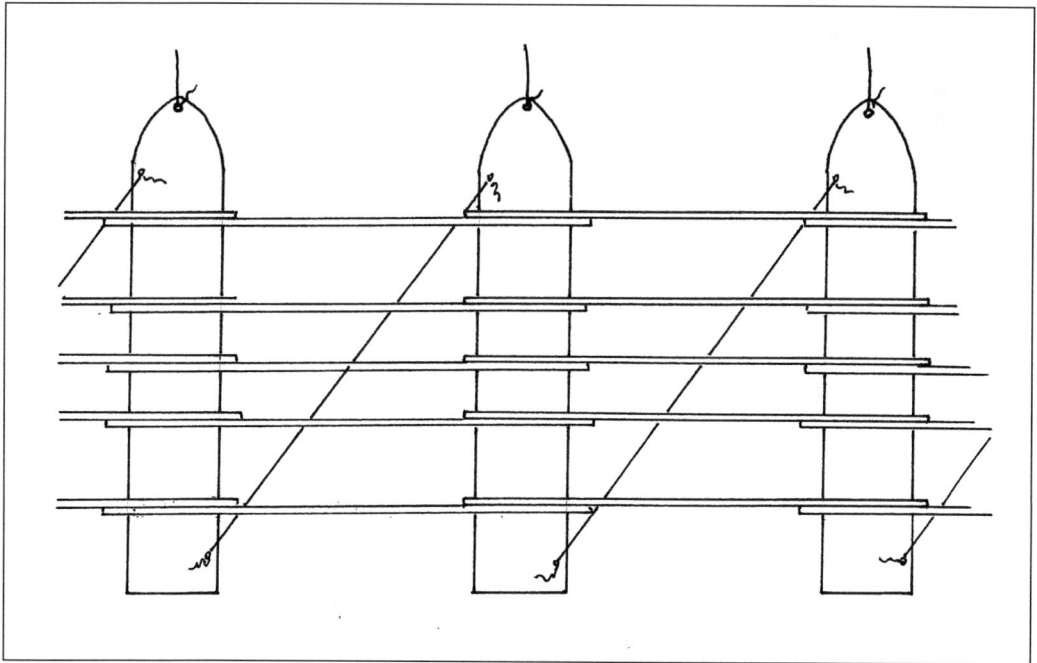

Abb. 15 Balkenlage über 2 Pontons für leichtere Lasten (Zeichnung des Autors)

Anlage 29   **Liste der verstorbenen und invaliden Mannschaft 1812/13**

Dgr.	Name Vorname	Alt groß	woher	Beruf Religion	Dienstzeit in	abgegangen
Unter-sappeur	Hauschild Joh. Gottlieb	20 71	Loitzsch bei Zeitz	Zimmerm. Ev.	2 Jahre 8 Monate	11.11.1812 verstorben in Pultusk
Unter-sappeur	Krause Joh. Gottlieb	24 74	Sasuditz bei Hainsberg	Zimmerm. Ev.	7 Jahre 1 Monat	30.12.1812 verstorben in Warschau
Unter-sappeur	Gutzeld Carl Christian	29 73	Reichstädt b. Dippoldiswalde	Maurer Ev.	10 Jahre 10 Monate	07.03.1813 verstorben im Marschquartier Breszyn
Unter-sappeur	Günther Gotthilf Friedrich	32 73	Bergmannsgrün b. Schwarzenberg	Schmied Ev.	6 Jahre 11 Monate	12.02.1813 verstorben auf dem Marsch
Pontonier Corporal	Bähr 1te Joh. George	54 74	Lohmen	Schiffer Ev.	38 Jahre 5 Monate	12.02.1813 verstorben im Hospital Torgau
Pontonier Corporal	Bähr 2te Friedrich Wilhelm	28 76,5	Pirna	Schiffer Ev.	11 Jahre 9 Monate	1812/13 verstorben in auswärtigem Lazareth
Pontonier	Müller Joh. Gottfried	22 73	Mockethal bei Pirna	Schiffer Ev.	3 Jahre	Anfang 1813 verstorben in auswärtigem Lazareth
Sappeur-Tambour	Jasch Joh. Friedrich	19 71	Oschatz	Ev.	4 Jahre 8 Monate	Anfang 1813 ertrunken zu Boreck in der Weichsel
Pontonier	Potscher Joh. Gottfried	18,5 74	Pirna	Schiffer Ev.	2 Jahre 6 Monate	15.09.1812 verstorben im Feldhospital zu Bialystok
Pontonier	Leonhardt 6. Joh. Gottlob	25 72	Dresden	Schiffer Ev.	11 Jahre	05.04.1813 als Halbinvalide entlassen
Ober-Sappeur	Ingwer Joh. Mathes	28 71	Dresden	Gärtner Ev.	6 Jahre 6 Monate	15.05.1813 verstorben in Torgau am Nervenfieber
Unter-sappeur	Herrmann Joh. Gottfried	32 71	Bautzen	Gärtner Ev.	2 Jahre 4 Monate	28.03.1813 verstorben im Lazareth zu Schneeberg
Unter-sappeur	Lösche Joh. Gottlob	30 72	Greswig bei Torgau	Ev.	11 Jahre 10 Monate	10.07.1813 wegen Invalidität entlassen
Pontonier aggr.Corp.	Keiling Friedrich August	21 72	Pirna	Schiffer Ev.	5 Jahre 2 Monate	17.06.1813 verstorben im Hospital zu Görlitz
Sappeur	Hammer Joh. Gottlob	36 69	Bräunsdorf bei Freiberg	Bergmann Ev.	2 Jahre 3 Monate	30.03.1813 verstorben im Lazareth zu Chemnitz
Pontonier	Gerschner Christian Glieb	22 70	Mockethal bei Pirna	Schiffer Ev.	1 Jahr 6 Monate	01.07.1813 verstorben im Hospital zu Glogau
Pontonier	Golzsche Joh. Gottlieb	25 71	Königstein	Schiffer Ev.	3 Jahre 9 Monate	20.07.1813 verstorben im Hospital zu Glogau
Pontonier	Weber Joh. Gottfried	25 73	Lukewitz bei Meissen	Schiffer Ev.	5 Jahe 10 Monate	29.05.1813 verstorben im Hospital zu Dresden

Anlage 30   Liste der zu Offizieren beförderte Mannschaft 1812/13

Dgr.	Name Vorname	Alt groß	woher	Beruf Relig.	Dienstzeit	versetzt am als
Tranchee- Sergeant	Siedel Carl Friedrich	26 73	Dresden	 Ev.	9 Jahre 6 Monate	15.11.1812 Sltn. zum IR König
Tranchee- Sergeant	Loewe Ernst Carl Eduard	24	Dresden	 Ev.	6 Jahre 2 Monate	05.12.1812 Sltn. zum 1.leichten IR
Tranchee- Sergeant	Thamm August Gotthelf	24,5	Dresden	 Ev.	6 Jahre 2 Monate	05.12.1812 Sltn. zum 2.leichten IR
Unter- sappeur	Heyde Friedrich Ludwig	19 75	Torgau	 Ev.	1 Jahr 10 Monate	21.02.1813 Sltn. zum IR Low
Ober- Sappeur	Fuchs Samuel Friedrich	30 73,5	Reichstädt b. Dippoldiswalde	 Ev.	9 Jahre 10 Monate	01.04.1813 Sltn. zum IR Friedrich August
Unter- sappeur	Hoeck Friedrich Adolph	22 71	Dresden	 Ev.	2 Jahre 4 Monate	01.04.1813 Sltn. zum IR Friedrich August
Ober- Sappeur	Gunz Ferdinand	20 75,5	Wengelsdorf b. Weisenfels	 Ev.	2 Jahre 4 Monate	01.06.1813 Sltn. zur leichten Infanterie
Ober- Sappeur	Legler Carl Adolph	21 72	Radeberg	 Ev.	2 Jahre 6 Monate	01.06.1813 Sltn. zum IR Low
Ober- Sappeur	Simon Georg Adolph	21,0 72	Dresden	 Ev.	2 Jahre 6 Monate	01.06.1813 Sltn. zum IR Steindel
Ober- Sappeur	Lischke Carl Theod. Glob	23 72	Dresden	 Ev.	2 Jahre 6 Monate	01.06.1813 Sltn. zur Infanterie
Ober- Sappeur	Kämpfe Gustav Max	23 73	Torgau	 Ev.	2 Jahre 3 Monate	01.06.1813 Sltn. zur Infanterie
Sappeur	Fiedler Joseph	19 74	Dresden	 Ev.	2 Jahre 8 Monate	01.08.1813 Sltn. zur Infanterie
Sappeur	Canzler Quirius Rich. Nik.	17 72	Dresden	 Ev.	2 Jahre 7 Monate	01.08.1813 Sltn. zur Infanterie

Disclaimer

Trotz aller Sorgfalt bei der Recherche in der Nutzung von Quellen ist es möglich, dass Quellen falsch oder nicht angegeben worden sind und/oder die nötigen Zustimmungen nicht eingeholt wurden, weil nach bestem Wissen und Gewissen eine freie Verwendung unterstellt und/oder die Einholung versehentlich verabsäumt wurde bzw. nicht eingeholt werden konnten.

Insofern ein solcher Fall eingetreten ist, so versichere ich hiermit, dass dies nicht in bösartiger Absicht geschehen ist und bitte, diese Erklärung auch als Anfrage auf Nutzungsgenehmigung zu verstehen und ich gestatte mir, diese bei ausbleibendem Widerspruch bis zu einem Jahr nach Erscheinen des Buches als erteilt anzusehen.

Selbstverständlich ist bei erbrachtem Nachweis eine entsprechende Nachtragung in den Quellen und die Übersendung eines Belegexemplars hiermit ausdrücklich zugesichert.

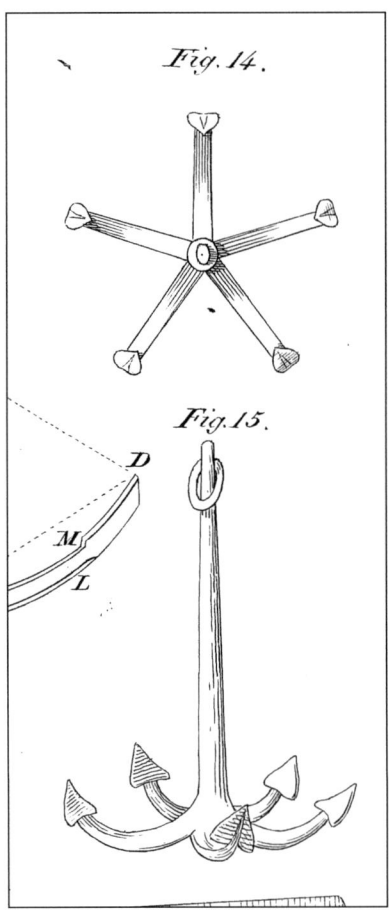

Abb. 16 Fünfarmiger Anker (Grappin) (Hoyer 1830)

In der Reihe:

Beiträge zur sächsischen Militärgeschichte zwischen 1793 und 1813

sind bisher erschienen: